MONSIEUR HIVERT

CURÉ

DES PAROISSES DE SAINT-LAURENT-DES-HOMMES, DE NEUVIC
ET DE BADEFOLS

NOTES BIOGRAPHIQUES

PAR

M. L'ABBÉ GOUSTAT

CURÉ DE PONTOURS

Singulariter sum ego donec transeam
Homme original je fus dans mon passage sur
la terre.
(Ps. 140).

AU PROFIT D'UNE BONNE OEUVRE

—————>·<—————

BERGERAC

IMPRIMERIE GÉNÉRALE DU SUD-OUEST (J. CASTANET)

1900

MONSIEUR HIVERT

CURÉ

DES PAROISSES DE SAINT-LAURENT-DES-HOMMES, DE NEUVIC ET DE BADEFOLS

NOTES BIOGRAPHIQUES

PAR

M. L'ABBÉ GOUSTAT

CURÉ DE PONTOURS

Singulariter sum ego donec transeam
Homme original je fus dans mon passage sur
la terre.

(Ps. 140).

AU PROFIT D'UNE BONNE OEUVRE

BERGERAC

IMPRIMERIE GÉNÉRALE DU SUD-OUEST (J. CASTANET)

1900

« UNE FIGURE QUI DISPARAIT ! » telle était, à la mort de M. Hivert, la réflexion de ceux qui, l'ayant vu et connu de plus près, pouvaient le mieux l'apprécier. C'était, en effet, une *figure*. Sa vie connue un peu de tous dans le diocèse le dit assez haut. Il était *lui* et nullement la copie vulgaire et servile de qui que ce soit. Chez lui, rien d'emprunté, rien de commun avec les autres ; mais original dans toute la force du terme, il l'était, d'une originalité souvent très aimable et très spirituelle, visant peut-être à passer pour tel, ou du moins heureux de le paraître ; affectant, oh ! non, mais se flattant, à part lui, de ne pas faire comme tout le monde, tellement qu'il n'eût pas souffert qu'on eût pu dire : il en est de plus original que lui. Il faisait de sa personne comme une espèce de *paria*, en dehors du commerce des hommes.

Original, mais de valeur certes et nullement banal. Qui oserait le nier ? Tous l'ont connu sous ce rapport-là, qui l'honore, tandis que d'autres pourraient en être amoindris. Original, il le fut aussi dans sa vie spirituelle. Et s'il fallait, à ce point de vue, faire son oraison funèbre, on pourrait dire de lui, en lui appliquant une parole de nos Saints-Livres que l'Eglise dit des Confesseurs-Pontifes : *non est inventus similis illi qui conservaret legemi Excelsi ; nul n'a observé la loi de Dieu de la même manière que celui-ci.* Chaque saint a, en effet, un cachet à part de sainteté à lui propre, à nul autre semblable, comme chaque étoile diffère en clarté. A M. Hivert appartient cette face originale de sainteté qu'on tenterait en vain d'imiter. Il disait lui-même de lui-même : « Je ne « voudrais même pas être la Sainte-Vierge ; car alors je « ne serais plus *moi !* Or, il était bien *lui*, et il entendait « être *lui !* »

Esprit original et prime-sautier, dans quelle circonstance de sa vie, à quel âge ne l'a-t-il pas été ? On pourra facilement le constater maintes fois dans le cours de ce travail. Oui, sa vie est parsemée de mille traits qui révèlent ce caractère singulier, et de tous se dégage cette évidente conclusion que cette originalité peu vulgaire, mais de grande valeur, a marqué, pénétré, dominé et dirigé toute sa longue carrière, en imprimant à sa personne comme un cachet propre qui la distingue de tous et en fait une figure à part et toute exceptionnelle.

Or, ce fonds de caractère m'est apparu, après sa mort, d'une manière fort saillante, dans son mobilier même si modeste et médiocre, mais étonnamment remarquable par sa composition et son agencement vraiment sans nom. L'homme tel qu'il était, s'y réflétait et s'y révélait tout entier. Un beau désordre est-il toujours l'effet de l'art ? Du moins faut-il que ce désordre soit beau ! Mais ne pénétrez pas dans ce sanctuaire pour en contempler et admirer l'art, l'élégance, l'ordre, la symétrie, l'harmonie et tant d'autres beautés. C'est assez de savoir qu'après la mort du propriétaire, visiter, fouiller ce mobilier, le dépouiller, comme il en était nécessaire, demanda un travail presque héroïque, dirai-je, ayant eu à braver, pour cela, une poussière antique, âcre, nauséabonde et à microbes, qui se dégageait épaisse et abondante de chaque objet, et s'attachait fortement aux doigts, aux yeux, à la langue, aux vêtements. On a apporté à ce travail une minutie consciencieuse, curieuse même et poussée jusqu'à la passion, intrigué que nous étions, dans cette œuvre pénible, par la découverte de quelque objet qui, à première vue ou après un court examen, offrait évidemment un intérêt réel.

Un peu partout, çà et là, dans un bréviaire hors d'usage, dans une imitation de Jésus-Christ traduite de M. de Genoude, délaissée depuis un certain temps, dans la Bible du même M. de Genoude, peu artistement illustrée du reste et également délaissée, dans Mallebranche, dans plusieurs volumes de Bossuet, au fond d'une malle vermoulue, dans les angles oubliés d'un prie-Dieu, sous les plis irréguliers, difformes et inextricables de paperasses, coloriées, jaunies par le temps ou noircies par la fumée, poudreuses ou à demi-rongées, j'ai trouvé et retiré, comme Virgile tirait des perles du fumier d'Ennius, des lettres, des écrits et autres documents d'une curiosité réelle : Tout autant de petits trésors riches en traits révélateurs sur la vie, le caractère, la tournure d'esprit et la valeur de l'homme et du prêtre que nous nous proposons d'étudier, pour le connaître plus à fond et lui assurer l'admiration qu'il mérite.

J'ai voulu les publier, non point pour en composer une biographie suivie et complète, de la naissance à la mort de M. Hivert, ce qui me serait un peu trop difficile, mais bien pour faire connaître ou rappeler et conserver quelques traits de ce caractère prime-sautier, de cet homme qui, encore une fois n'a pas de semblable; *non est inventus similis illi*. Qu'on ne me reproche point d'avoir ramassé trop de choses ou rapporté trop de minutieux détails. Que voulez-vous ? C'est un défaut commun à notre siècle, et qui est l'envers d'une qualité, selon la juste remarque d'un publiciste distingué. Je me suis attaché à ne rien laisser perdre d'un homme qui m'a paru relativement « grand, même quand il lui est arrivé de faire petit. » Parmi ses excentricités, il en est peut-être quelques-unes qui « versent dans la fadeur », le trivial, le puéril. Mais elles appartiennent à ce type sans pareil et achèvent de le peindre. Pourquoi les cacher ? L'ombre ne dépare pas un tableau, et par le contraste en fait mieux resplendir les beautés.

J'ai connu assez intimement l'abbé Hivert, durant les trente-deux ans de notre fraternel et amical voisinage. Il est vrai, son arrivée à Badefols faillit peu après amener mon déplacement de Pontours, par un contre-coup que je n'ai pas à expliquer ici. Déjà même j'étais nommé à Couze et j'en possédais le titre. Mais je fus maintenu heureusement dans mon premier poste. Et depuis lors, la Providence, secondant, je ne sais pourquoi, mon obstination, justifiée ou non, à rester à Pontours, m'y a laissé, en effet, me réservant, ce me semble, la mission d'assister ce même cher et vénéré M. Hivert, devenu nonagénaire et infirme. Et ce vénérable vieillard n'en voulait pas d'autres que moi, pour le remplacer sur la fin de sa vie, durant dix-neuf mois, dans les fonctions du ministère, et aussi pour lui procurer tous les secours religieux et fraternels dont il avait besoin, et pour enfin recevoir son dernier soupir. *Actum est!* C'est fait! Puissé-je l'avoir fait en toute charité, comme on se le doit entre frères et surtout entre confrères! En sorte que c'est de celui qui est resté, malgé tout, son voisin, qu'il a reçu le plus de soins et les plus grands services.

C'est à ce titre d'humble serviteur de ce glorieux vétéran du sacerdoce, que je me décide à publier ces quelques pages biographiques. Il faudrait pour cette œuvre importante un talent qui fût à la hauteur de la personne de M. Hivert. J'aurais mille raisons pour me taire, à considérer la mémoire qu'eussent cent fois mieux louée tant d'autres plus autorisés, comme l'ont déjà fait MM. les chanoines Sagette dans la *Semaine religieuse* et Eyriniac dans le *Journal de Bergerac*. Naturellement et nécessairement leurs articles nécrologiques étaient restreints à notre grand regret, et je viens tenter de compléter cette belle et intéressante physionomie déjà par eux si bien mise en lumière. Douce jouissance que je n'ai su me refuser! Comme aussi, je n'ai pu résister à une voix partie du ciel, partie de la terre, je ne sais, mais du moins d'un cœur plein de vénération pour une sainte mémoire ; voix qui me pressant toujours plus vivement pour vaincre mes hésitations, me disait : *Collige fragmenta*, recueille ces fragments ; pourquoi les laisser périr, *ne pereant* ; les ayant exhumés de la poussière, pourquoi les livrerais-tu à l'oubli ou à la destruction ? Débris respectables d'une vie peu commune, réunis-les comme les éclats d'une pierre précieuse, pour en composer la couronne d'honneur de cet homme, de ce prêtre qui apparaît comme un héros. Cédant à cette voix irrésistible, mais sentant, je le répète, toutes les difficultés de la tâche, je sollicite toute l'indulgence du bienveillant lecteur, lui apportant pour excuse mon cœur, le priant d'oublier l'auteur, pour ne voir que le héros et ne s'arrêter qu'à l'admiration et à la vénération que mérite celui qui, encore une fois, n'a pas de semblable ; *non est inventus similis illi.*

Certes, je le sais, l'abbé Hivert était très connu dans tout le diocèse de presque tous les prêtres et d'un grand nombre de fidèles. Et si, quand, après sa mort, M. le chanoine Eyriniac intitulait son article nécrologique : *M. le curé de Badefols est mort !* sans le désigner par son nom, il n'eût inscrit pour titre que ce mot : *Il est mort le vieux original !* tous auraient compris et dit à l'instant : *M. Hivert est mort !* Tout comme, lorsque, en 1715, l'Europe se réveilla au cri de : *le roi est mort !* tous purent dire : *Louis XIV est mort !*

Mais si connu fût-il, l'était-il de tous et entièrement ? Je ne crains pas de l'affirmer, certaines des pages qui suivent apprendront de lui quelques traits très intéressants, ignorés de ceux même qui l'ont le plus pratiqué ; elles seront pour beaucoup d'autres comme une révélation aussi agréable qu'étonnante de cet homme exceptionnel. Tous y trouveront, je l'espère, quelque chose à louer, à admirer, à imiter. Et ainsi, de cette publication pourra sortir, comme je le désire et me le propose, la gloire de Dieu et l'édification pour nous prêtres et pour les âmes.

Autre but enfin de ce travail : il est double. Je voudrais honorer la tombe où repose notre cher défunt ; ne serait-il pas juste et décent d'y ériger un monument modeste sans doute, mais convenable, digne d'une telle mémoire et propre à perpétuer le souvenir de celui qui passa parmi nous comme une figure peu ordinaire, comme un esprit supérieur, comme un modèle de vertus. Je voudrais de plus être utile et secourable à son âme; si elle n'est pas encore au ciel, je demande à tous mes charitables lecteurs un pieux souvenir dans leurs prières, afin de hâter son entrée dans le sein d'Abraham. Double objet pour lequel je mendie, assuré de trouver écho auprès de tous les cœurs bons et généreux.

I

PREMIÈRES ANNÉES DE M. L'ABBÉ HIVERT

Quis putas puer iste erit ?
Qui pensez-vous que sera cet enfant ?

En naissant, nous portons tous un mélange de bien et de mal, un fond d'instincts bons et d'inclinations mauvaises. C'est le lot de notre nature viciée et corrompue depuis la chûte originelle. Loin de nous néanmoins la doctrine de la fatalité, partagée par ces hérétiques qui prétendent que les hommes naissent sous une étoile dont l'influence, bonne ou mauvaise, règle leur vie entière et décide de leur destinée ; d'où il résulterait que l'homme est fait pour l'étoile et non l'étoile pour l'homme. Non, non, l'homme n'est point sous l'empire d'un astre, et de même qu'à la naissance du Messie, ce nouveau roi des Juifs, dit le Pape Saint-Grégoire, ce fut l'Etoile qui marcha vers Jésus, le nouveau-né, et non l'Enfant vers l'Etoile, de même l'astre n'annonce nullement le *fatum*, la destinée de l'enfant, mais bien l'enfant le *fatum*, la destinée de l'astre. Chacun peut donc, avec la liberté, blessée il est vrai, par la faute originelle, mais redressée et aidée par la grâce de la Rédemption, chacun peut et doit rétablir l'équilibre rompu, en luttant pour abaisser le côté mauvais et élever le bon.

J'ai l'air de planer dans des abstractions, mais je suis au cœur de mon sujet, et j'avance que si le travail de lutte est de rigueur pour tout homme, il dut être pour M. Hivert plus obligatoire, plus accentué, plus chanceux et plus décisif. Car chez lui vivaient et se remuaient, à côté de penchants nobles et généreux, de nombreux germes de mal, puissants et aussi plus menaçants et redoutables, parce qu'ils poussaient et s'épanouissaient à travers une nature vive, entière, impétueuse-fougueuse même, capable par conséquent de compromettre tout un avenir et de faire sombrer les plus riches dispositions.

Monsieur Hivert était *lui*, disais-je tout à l'heure, et il avait une volonté de fer, d'une énergie et d'une ténacité presque irréductible, comme d'acier, du moins en dehors de l'influence et de l'aide de la grâce divine. Ses *oui* et ses *non* étaient très accentués, donnés parfois d'un ton sec et bref qui laissait peu de place à la résistance.

Tel il se révéla de bonne heure ! Jeune coursier plein de vigueur, qu'un frein trop serré comme aussi trop faible et trop lâche expose à des écarts dangereux et irrémédiables.

Ses premiers éducateurs ne tardèrent pas à en faire la remarque, et leurs observations, il nous les a transmises lui-même, en les consignant de sa propre main dans une allocution adressée à Mgr Dabert, lors d'une visite pastorale à Badefols, le 17 janvier 1873. Ce discours, que j'avais entendu en cette circonstance, a fait le tour de presque tout le diocèse. Mais je l'ai retrouvé écrit de sa main, égaré, ou bien, soigneusement déposé au milieu de ses sermons. En voici le passage qui seul peint l'homme, en révélant les craintes et les espérances qu'il donne encore tout jeune.

Tout d'abord le pasteur rend compte à son Supérieur de l'état de sa paroisse, et puis, comme si ce vétéran du sacerdoce, dans une vision du terme plus ou moins prochain de sa course, et en face du lieutenant du Justicier divin et suprême, se repliait sur lui-même, s'interrogeant et se demandant raison de sa vie, il ajoute : « Et comme « il est bon que mes paroissiens sachent à qui ils ont « à faire, permettez-moi, Monseigneur, de rappeler, en « terminant, un souvenir de mon enfance, souvenir qui « m'a bien souvent singulièrement impressionné. J'ai été « élevé par un digne et saint prêtre, et lorsque je partis « pour le séminaire, il disait à mon père, en parlant « de moi : *S'il tourne bien, ce sera un bon prêtre ; s'il* « *tourne mal, ce sera un bien mauvais sujet.* Ai-je bien « tourné, ai-je mal tourné ? Comme tous les autres, je ne « le saurai que lorsque je paraîtrai devant le tribunal de « Dieu. Mais, Monseigneur, je vous l'assure, pour tous les « biens de ce monde, je ne céderais pas ma part du ciel. « Par le temps qui court, nous, prêtres, nous serions trop « malheureux si nous devions toujours nous en tenir au « seul acte d'espérance. Pour être heureux, il nous faut « l'acte de *certitude* ».

S'il tourne bien, ce sera un bon prêtre ; s'il tourne mal, ce sera un bien mauvais sujet ! Tel est le passage qui nous révèle bien l'homme avec ce dont il est capable : l'extrême bien et l'extrême mal. N'est-ce pas là, tracé par son premier directeur, et reproduit par lui-même, comme un portrait, en raccourci, de sa nature, de son caractère, de ses goûts, de ses aptitudes, avec les craintes et les espérances qu'il inspire ? Ah ! il se connaît lui-même et il se révèle ; il dit sans forfanterie, comme aussi sans honte ce qu'il pouvait devenir et ce qu'il est grâce à Dieu. Peu rassuré sur ses mérites, mais appuyé sur ceux du Rédempteur, il espère, mais avec *certitude*, écrit-il, une part au Paradis et il ne la donnerait pour rien au monde : Nous le croyons de lui sans peine. Car le coursier ardent a été bien guidé ; il s'est laissé diriger par les inspirations

lumineuses de la foi et par les douces impulsions de
la charité. Il a échappé victorieusement aux tournants
dangereux de la vie humaine, en suivant les garde-fous
qui préservent des abîmes qu'il faut souvent côtoyer.

Aussi, son Evêque touché d'une telle ouverture, a
pu lui répondre en présence du peuple réuni : « Oui,
« vénéré curé, vous avez bien tourné ! vous avez parfai-
« tement suivi la ligne droite, sans dévier ni d'un côté ni
« de l'autre ; n'ayant fait aucun faux pas, vous arriverez
« sûrement au but désiré ; vous avez *conservé* et pratiqué
« la *foi* ; vous avez vaillamment *combattu les bons et saints*
« *combats* ; et quand vous aurez *consommé votre course*, à
« Dieu de vous donner la couronne et le laurier de vos
« victoires, que vous attendez avec confiance, plus encore,
« avec une *certitude* justifiée par toutes vos œuvres ».

Donc il a bien tourné l'enfant de tant de craintes et de
tant d'espérances. Oui, grâce à la bonne éducation et à la
sage direction qu'il reçut de plusieurs maîtres consommés
en cette matière.

Pierre-Basile Hivert, naquit à la Gravette, paroisse de
Sourzac, de Pierre Hivert et de Suzanne Lachèze, le 4 novembre 1805, et fut baptisé par l'abbé Léger, vicaire
de cette paroisse. Le jeune Basile reçut les premiers
éléments des sciences divines et humaines de l'abbé
Pouyadou, né à Vallereuil en 1779, devenu en 1822
curé d'Issac où il mourut en 1837. J'ignore quelles circonstances amenèrent le jeune Hivert sous la direction de
ce prêtre. Mais je n'ai pas oublié que l'abbé Hivert nous
parlait souvent de ce premier éducateur de son enfance,
qu'il appelait un saint, et dont il a conservé toujours un
souvenir plein d'admiration et de gratitude. Il nous
racontait aussi (petit détail !) que c'est de ce même prêtre
que lui vint dans sa bourse la première pièce de dix sous
qu'il eût touchée. Il en reçut un bienfait autrement pré-

cieux : l'éducation chrétienne ; et je présume que c'est
M. l'abbé Pouyadou qui le prépara et le conduisit à la table
de la première communion qui eut lieu à Sourzac ou à Vallereuil, je ne sais trop. Quoiqu'il en soit, ce grand jour
fut pour notre adolescent, plus que pour beaucoup d'autres peut-être, l'évènement capital de sa vie. La raison en
est qu'il apporta à cet acte si sérieux, si décisif, des
dispositions dont cet âge nous donne rarement des marques. Sans crainte de trahir les secrets de l'amitié, je puis
ici divulguer un de ces actes de vertu dont il me fit
le confident vers les derniers temps de sa vie. Nous étions
à parler de la première communion, des joies, des émo-
tions de ce plus beau des jours de la vie, où l'époux divin
des âmes, Jésus, vient leur donner le premier baiser.
Impossible, dit-il alors avec une sorte de mélancolique
regret, impossible de ramener, de ressaisir les douceurs,
les sentiments délicieux, les élans de tendresse, les
larmes de bonheur de ce jour, non plus, ajouta-t-il, que
ceux d'une première messe. « Et, vous le dirai-je, conti-
« nua-t-il d'un ton un peu mystique, pendant les nuits de
« la retraite préparatoire à ma première communion, je
« couchais sur des branches d'arbre que j'avais ramassées
« çà et là et installées sans grand art en faisceau jeté en
« forme de lit sur le sol. »

Il a aussi raconté que pendant cette retraite de première communion, il se mettait à genoux, pour prier, sur
des grains de maïs.

Je laisse à penser avec quelle perfection fut accompli
l'acte solennel ainsi préparé. Et c'est ainsi que de bonne
heure le jeune Basile préludait à cette vertu de mortification qu'il portera plus tard à un si haut degré.

De là, quelques années après, il vint à Périgueux,
« appelé, sur je ne sais quelles recommandations par
« Mgr de Lostanges, qui le logea dans un coin de son
« palais, en fit le lecteur pour sa table et l'envoya au

« collège terminer ses études. Le bon et vieil évêque le
« traita en familier de sa maison » (1). De ces attentions
délicates, de ce choix tout privilégié, « l'abbé Hivert a
« toujours gardé les plus beaux souvenirs avec une
« reconnaissante admiration » (2) pour son noble et
généreux bienfaiteur.

Bien plus, Mgr de Lostanges permit à son fils adoptif
de l'aimer plus que comme un père ; car malgré la différence d'âge et de position sociale, il s'établit entre le
Supérieur et l'inférieur une véritable amitié ; bienveillante
d'un coté, respectueuse de l'autre ; amitié de Jonathas et
de David aux deux âmes collées et comme conglutinées
l'une à l'autre. Et, disons-le aussi, l'Evêque, qui sut bien
vite distinguer les qualités de son disciple, avait grande
confiance « dans la rectitude de son jugement », et
comme nous l'apprend M. l'abbé Mazet, depuis supérieur
du Grand Séminaire, dans une lettre même adressée à
M. Hivert, Mgr de Lostanges *s'occupe* beaucoup de lui et
tient compte de ses *observations*.

Nous aurons occasion bientôt de relater des marques
nombreuses, des preuves admirables de cette sainte
affection.

Et c'est ainsi que traité, élevé, formé, presque choyé
par le vénérable Pontife, M. Hivert entra quelques
années après, sous les auspices de ce père adoptif,
au grand Séminaire de Sarlat, pour y faire ses études
théologiques. C'est un grand pas franchi ; l'avenir se
dessine ; il est permis déjà d'y lire la réponse à la question donnée en titre :

Quis putas puer iste erit?

Qui pensez-vous que sera cet enfant ?

Il sera prêtre !

------

(1) M. le chanoine Sagette, art. nécrolog. sur M. Hivert,
(2) Idem, ibid.

II

L'AUMONERIE MILITAIRE

Je n'ai jamais connu chez M. Hivert l'humeur guerrière
ni les goûts militaires, ni les allures martiales. Par
exemple, je l'ai entendu dire maintes fois : « Quand je
« vois des jeunes gens redouter le soleil et se servir pour
« se défendre de ses rayons, de parasols ou d'ombrelles,
« je ne puis m'empêcher de constater avec douleur que
« nous n'avons plus de soldats, parce que nous n'avons
« plus d'hommes. »

D'un autre côté, pour être aumônier militaire, il faut
nécessairement certaines aptitudes spéciales, il faut
même une tournure d'esprit et des allures physiques
qu'on ne trouve que chez un petit nombre de prêtres, pas
même chez ceux qui aujourd'hui ont passé par la caserne,
la grande partie d'entre nous étant peu apte à la vie des
camps, et peu dispos au tumulte des batailles et aux émo-
tions déchirantes en face des morts et des blessés.

Quoiqu'il en soit, M. l'abbé Hivert est depuis plusieurs
années au Grand Séminaire de Sarlat. En 1829, il est
diacre, à la veille de recevoir la prêtrise, quand tout
à coup peut-être, ou bien à la suite de mûres réflexions,
il rêve de l'aumônerie militaire. Ils sont deux caressant

ce dessein, lui et M. Guines, diacre également (1). Ils ont formé leur complot, dressé leur plan, et combiné les démarches nécessaires pour atteindre leur but. Peut-être n'ont-ils oublié qu'une chose, essentielle cependant : consulter leur directeur, s'ouvrir de leur projet à leur évêque ! Mais ils sont jeunes et inexpérimentés, et la vaillance leur tient lieu de tout. Le fait est que, à l'insu de leurs supérieurs, ils adressent une lettre au Ministre de la guerre, pour solliciter la charge d'aumôniers. Leur lettre de demande a disparu n'ayant pas été conservée dans les archives du ministère, où de soigneuses recherches ont été faites à deux reprises ; nous regrettons la perte d'une telle pièce qui ne devait pas manquer d'intérêt. Mais nous avons la bonne fortune de posséder la réponse du Ministre ; sans elle nous aurions ignoré totalement le projet de nos jeunes lévites. La voici :

MINISTÈRE DE LA GUERRE   « Paris, le 3 février 1829.

DIRECTION GENERALE

DU PERSONNEL

BUREAU DE L'INFANTERIE

SECTION

DE L'INSPECTION

« J'ai reçu, Messieurs, la lettre que vous m'avez fait
« l'honneur de m'écrire pour solliciter des emplois d'au-
« mônier dans des régiments de l'armée.
 « La présentation aux emplois de cette nature étant
« dans les attributions de M. le Grand-Aumônier de
« France, je ne puis que vous engager à vous adresser à

---

(1) M. Guines devint dans la suite curé de Ribérac et puis Père Capucin, sous le nom de P. Ambroise.

« S. A. qui peut seule apprécier votre aptitude à l'emploi
« que vous désirez obtenir.

« J'ai l'honneur d'être, Messieurs, votre très humble et
« très obéissant serviteur.

« Le Ministre Secrétaire d'Etat de la Guerre.

« Pour le Ministre :

« L'aide de camp de Monsieur le Dauphin,
« Directeur général du Personnel.

« Vicomte DE CHAMPAGNY. »

« A Messieurs les abbés Guines et Hivert,
diacres au Séminaire de Sarlat. »

Déboutés de ce côté, les postulants firent-ils de nouvelles démarches auprès du Grand Aumônier ? Je l'i-
gnore. Mais il est probable qu'à la suite de la réponse
ministérielle, ils durent renoncer à leur projet ; je n'en ai
plus trouvé de traces.

III

M. HIVERT

Curé de Saint-Laurent-des-Hommes, ses rapports

avec Mgr de Lostanges

Velléités ou désirs réels d'entrer dans l'aumônerie militaire, M. Hivert les a abandonnés et a renoncé à cette carrière qui, un moment, a eu pour lui, je ne sais quoi de séduisant. C'était en 1829, l'année même de son sacerdoce. Ordonné prêtre le 13 juin, il est nommé curé de Saint-Laurent-des-Hommes. Le voilà donc curé en sortant du séminaire et sans passer par le vicariat. Mais « son « jugement sûr et très ordinairement guidé par une foi « très vive le rendait apte au gouvernement des âmes et « lui donnait une maturité que les Supérieurs n'avaient « pas besoin d'attendre de la suite des années. » (1). D'ailleurs, on sortait à peine alors de la période révolutionnaire et les prêtres étaient rares encore. Il est jeune, ardent, intrépide, plein de santé ; ne le faut-il pas dans cette contrée de la Double où l'envoie son évêque pour la défricher ? besoin alors aussi grand au moral qu'au physique.

____

(1) M. le chanoine Sagette, art. nécrologique.

Il arrive donc dans la paroisse confiée à ses soins, sortant des flammes de l'ordination sainte, débordant d'amour pour Dieu et pour les âmes, déterminé, coûte que coûte, à tout sacrifier, à tout faire pour détruire le péché, leur ennemi, se regardant comme le père, comme la mère de ces chères âmes; pénétré d'ailleurs et convaincu de l'immense responsabilité qu'il a assumée, tremblant pour sa faiblesse et son insuffisance, mais comptant sur le secours de Dieu, voilà M. Hivert, tel qu'il se révèle dès ses premiers débuts dans le ministère : Apôtre, et l'on peut déjà présumer quels seront les fruits de son apostolat. Pour mieux en juger, il faut :

1º En premier lieu nous mettre au courant de la pensée dominante qui va présider à tous les actes de son administration; la voici : *Je serai sur la sellette au jugement de Dieu jusqu'à ce que toutes les âmes dont je suis chargé y aient passé.*

Ces paroles, il les a empruntées à Monseigneur d'Arenthon, et les prenant pour devise; il les a transcrites avec soin, en gros caractères, sur la couverture d'un cahier très soigné et bien conservé, qui contient un traité ou résumé complet et parfait de l'excellence, de l'exercice et des devoirs du ministère sacerdotal. Elles sont là consignées, apparentes, très visibles, afin qu'il puisse les voir fréquemment, sans être exposé à les oublier, et afin qu'elles planent ainsi, pour les diriger et les sanctifier, sur tous les actes de son ministère redoutable. Pénétré constamment de cette pensée forte, capitale, l'abbé Hivert ne pouvait que *tout dépenser et se dépenser lui-même pour le salut des âmes.*

2º En second lieu, il nous faut écouter le langage qu'il tient à ses paroissiens dans son discours d'installation. Ne pouvant le donner en entier, à cause de sa longueur, je me borne à en extraire quelques passages, qui vont nous révéler l'âme et le cœur du jeune pasteur.

« Je tremble, dit-il, je gémis quand je considère mes
« obligations, les soins que je dois prendre de vos âmes,
« les difficultés qui peuvent se rencontrer, quand je porte
« mes regards sur toutes les vertus qui doivent orner
« l'âme d'un bon prêtre, quand je me demande si j'ai ces
« vertus, j'entends une voix qui me dit au fond de la cons-
« cience : non, et je répète avec l'apôtre et avec vérité
« que je ne suis rien, que je ne puis rien, et avec lui
« j'ajoute que je puis tout en Celui qui me fortifie. »

Il voudrait se faire tout à tous, payer pour tous, satisfaire pour eux et que toute la récompense de ses peines et
de ses œuvres fût pour eux, « comme une mère qui
« voyant son enfant en proie aux douleurs d'une fièvre
« brûlante, voudrait l'empêcher de souffrir en se substi-
« tuant à sa place et recevoir dans son sein le feu qui le
« dévore, ainsi vous dirai-je, que ne m'est-il donné de
« vous rendre heureux au prix même de mon propre
« bonheur ?

« M. Fr., je suis bien jeune, mais ne craignez rien, nous
« n'irons pas trop vite ; nous tiendrons compte des
« circonstances où nous sommes, nous nous rappellerons
« que la religion se persuade et ne se commande pas.
« Nous vous exhorterons toujours, nous vous supplierons ;
« si vous écoutez notre voix, nous vous en bénirons, et si,
« après avoir prié et parlé de nouveau, vous ne vous
« rendez pas, nous continuerons de faire des vœux pour
« vous plaindre et vous aimer.

« S'il nous arrive, dans le cours de notre ministère, de
« déplaire à quelques uns d'entre vous, pardonnez-nous
« en faveur de notre jeunesse, pardonnez-nous en faveur
« du désir que nous avons de vous rendre heureux.
« Voyez, dit Saint Augustin, voyez la poule, quelquefois
« elle presse ses petits, mais pour cela elle ne cesse pas
« d'être leur mère, *calcat et mater est* ! De même si nous
« vous contrarions, si quelquefois il vous semble que nous

« aurions dû faire autrement, ah! nous vous en conjurons,
« dites-nous que nous nous sommes trompés ; nous ne
« craindrons pas de rétrograder et de nous rétracter ;
« vous nous pardonnerez, n'est-ce pas? en faveur de notre
« jeunesse et de notre inexpérience ; vous saurez bien
« que si nous nous trompons, notre cœur n'y est pour
« rien ; *calcat et mater est !* »

Puis dans une invocation, s'adressant d'abord à Dieu, il
le prie de les bénir tous, et puis à la Sainte-Vierge, il la
prie de les prendre sous sa protection.

Et il termine par ce touchant serment :

« Autel sacré, tribunal de la Pénitence, image vénérée
« de la Vierge, église où se célèbrent les terribles mys-
« tères, recevez mes serments. Oui, ô mon Dieu, nous
« promettons que pendant toute notre vie, nous travaille-
« rons de toutes nos forces au salut de ceux qui nous sont
« confiés et qu'à votre exemple, nous serons doux,
« patient, charitable à leur égard. Nous les aimerons
« comme nos frères et, lorsque nous devrons leur donner
« ce nom, nous les chérirons comme nos enfants ».

C'est avec ces admirables dispositions que le nouveau
pasteur ouvre son ministère. Mais il n'est pas seul :
autour de lui, de concert avec lui travaillent plusieurs
autres ouvriers, ses confrères, MM. Breton, à Ménesplet,
Bessines, à Saint-Médard de Mussidan, Laurique, à Saint-
Michel, Combrouse, à Saint-Barthélémy, Fayole, à
Echourgnac, Colon, à Laroche-Chalais, et d'autres que
leur évêque appelle *missionnaires* et *apôtres de la Double*.
Jeunes et sans expérience, ils trouvent pour les éclairer,
les soutenir et les encourager dans leurs entreprises et en
assurer le succès, des conseils aussi sages que paternels
dans le cœur de leur évêque. Monseigneur de Lostanges,
nous l'avons déjà remarqué, a pris, en particulier,
M. Hivert en singulière affection ; et c'est de ce père
spirituel que ce cher fils recevra ces directions et ces

conseils, dans plusieurs lettres qui ont échappé à la destruction du temps et des hommes. Je les ai recueillies avec un religieux respect au milieu de vieilles paperasses et je trouve bon de les rappeler ici ; elles nous feront connaître, à défaut d'autres renseignements, quelques détails sur le ministère du curé de Saint-Laurent, et de plus, elles nous révèleront le fond intime de ces deux âmes faites, dirait-on, l'une pour l'autre. Chacun pourra y admirer et goûter tel ou tel passage à sa convenance. Quant à moi, je me suis extasié devant la formule de salut dont le maître use vis-à-vis de son disciple, en terminant ses lettres. Et de peur qu'elle n'échappe à l'attention de quelque lecteur, je la signale d'ores et déjà en cette place, comme un diamant resplendissant d'une humilité et d'une tendresse toute apostolique et puisée, à l'exemple de Saint-Jean, dans le cœur de Celui qui est *charité* :

« *Adieu*, dit chaque fois le Pontife, *je vous salue très*
« *humblement au nom de Notre Seigneur Jésus-Christ sous*
« *la protection de la très Sainte-Vierge* ».

Voilà donc l'abbé Hivert curé de Saint-Laurent-des-Hommes. Non encore installé officiellement, il en écrit à Monseigneur, qui, de Sainte-Alvère, où il est pour ses visites pastorales, lui adresse la réponse suivante :

« Sainte-Alvère, le 16 juillet 1829.

« Je suis heureux d'apprendre que vous avez été bien
« accueilli dans votre paroisse, que tout paraît être
« en bon état, et que les dispositions des habitants sont
« portées vers notre sainte religion.. . . . .

« Je vois avec plaisir que vous avez le sentiment de
« votre jeunesse et de votre inexpérience ; c'est un
« bon commencement pour vous mettre en garde contre
« l'esprit de présomption et de suffisance trop ordinaire
« à votre âge.

« Puisse le Seigneur vous diriger comme notre Souve-

« rain-Pontife ; ne négligez pas la grâce que vous avez
« reçue par l'imposition de mes mains.

« *Pax et gratia tecum !* (1).

« Je vous salue très humblement en Notre Seigneur
« Jésus-Christ sous la protection de la Sainte-Vierge.

« † ALEXANDRE, *évêque de Périgueux.* »

En 1831, M. le curé de Saint-Laurent fut chargé de la
desserte de Saint-Michel de Double. Bientôt s'y élevèrent
quelques difficultés dont Monseigneur l'Evêque fut informé
et où il intervint par des décisions renfermées dans
la lettre qui suit, adressée à l'abbé Hivert, le 26 juin 1831.

« Monsieur le Curé,

« Quand Messieurs les curés croient pouvoir se charger
« d'un double service sans nuire à leur paroisse et par un
« motif de travailler à la gloire de Dieu et au salut des
« âmes, je leur accorde cette permission ; mais quand ils
« voient qu'il ne s'opère aucun bien et que les fidelles ne
« leur savent aucun gré des peines qu'ils prennent, il dé-
« pend absolument d'eux de continuer ou de cesser
« le double service. Ainsi je ne vous laisse que les pou-
« voirs nécessaires pour administrer les sacrements aux
« bons catholiques qui s'adresseront à vous. Mais vous ne
« serez astreint à y faire aucun office ni à dire la sainte
« messe. Les fidelles catholiques s'adresseront au curé de
« canton pour les publications de mariage, pour la com-
« munion pascale, pour la célébration des mariages, pour
« la confession et l'administration des sacrements ; vous
« pourrez vous entendre avec le curé de canton pour
« tous les secours religieux, afin que les bons et vrais
« catholiques ne souffrent pas. Vous cesserez donc au
« 1er juillet toute fonction à Saint-Michel. Je suis bien
« affligé de la disposition des esprits à votre égard ; nous

____

(1) Que la paix et la grâce soient avec vous !

« prierons Dieu pour qu'il les éclaire sur leurs intérêts
« dans l'ordre du salut.

« Vous voilà un petit corps de missionnaires dans la
« Double, M. Breton que je regarde comme votre chef,
« M. Colon à Laroche-Chalais, Combrouse à Saint-Bar-
« thélémy, Fayole à Echourgnac ; il restera à nommer
« à Saint-Michel-l'Eparon, à Saint-Michel-de-Double, à la
« Jemaye, à Eygurande, à Ménestérol. Si aux prochaines
« ordinations, il se présente cinq jeunes gens de bonne
« volonté, je les joindrai à cette mission. Vous travaillerez
« tous ensemble à faire aimer la religion, à vous distin-
« guer par votre désintéressement, par votre union
« entre vous, par votre attachement à l'enfance et à la
« jeunesse, faisant de temps en temps de petites retraites
« chez l'un ou chez l'autre ; imaginant tout ce qui peut
« vous faire aimer, tenant bien en règle vos églises,
« gagnant l'estime des autorités, maires, adjoints, com-
« mandants des gardes nationales, conseils municipaux,
« principaux habitants ; surtout beaucoup de douceur, de
« patience, de charité, jamais de raideur, vous rappeler
« de cette règle d'un saint. *Quœdam sunt facienda ; quœ-*
« *dam omittenda quœ minus recta videntur, salva fide,*
« *salvis moribus.*

« Adieu, je vous salue, etc.

« † ALEXANDRE, *évêque de Périgueux.* »

Cependant deux mois après, le pasteur, agissant comme
missionnaire, selon la qualité que lui en a donnée son
évêque à lui et à ses confrères de la Double, reprend
la question de la desserte de Saint-Michel, qui avait été
interrompue à cause de la difficulté du traitement à faire
pour ce double service. M. Hivert lève et écarte cet
obstacle en proposant à Mgr de reprendre ce service,
sans toucher aucun émolument et par pur dévouement.
L'Evêque accepte cette proposition, en louant le prêtre de
ce désintéressement qui l'honore, et au milieu de bons

conseils, il lui trace la conduite à tenir dans *cette chère Double, dont M. Breton et lui sont les vrais apôtres.* Lisons cette lettre qui est du 11 août 1831.

« Monsieur le Curé,

« Votre lettre me fait grand plaisir et me donne la « douce satisfaction de voir ce jeune prêtre pénétré des « sentiments généreux que doit nous inspirer notre saint « état.

« Oui, je vous donne, mon cher Hivert, tous les pou- « voirs que vous demandez pour la pauvre Double, dont « M. Breton et vous êtes les vrais apôtres ; vous direz la « sainte messe à Saint-Michel, une fois par mois et même « tous les dimanches que vous le pourrez et en annonçant « partout et en chaire que vous renoncez à tout traitement « de la part du gouvernement qui appelle cela un salaire. « Entendez-vous donc avec M. Breton et soyez assurés « l'un et l'autre qu'aussitôt que je pourrai vous envoyer « un ecclésiastique digne de partager vos travaux et votre « noble conduite, je le ferai avec empressement. Mar- « chons donc avec constance et courage dans la carrière « des peines et des humiliations extérieures ; levons la « tête, la foi dans le cœur, la tranquillité dans la cons- « cience, nous montrant les dignes dispensateurs des « dons de Dieu par une conduite franche et irréprochable. « Tout pour Dieu, le salut des peuples et notre bien- « heureuse récompense.

« Je vous salue très humblement, etc.

« † ALEXANDRE, *évêque de Périgueux.* »

Sur ces entrefaites, notre curé de Saint-Laurent tombe malade, lui si fortement trempé, trempé de fer ou d'acier. Ah ! c'est que l'intrépide missionnaire travaille démesurément, ayant à sa charge comme un petit diocèse. Il monte à cheval le jour, la nuit, et, comme il nous l'a souvent répété, faisant lever parfois, quatre ou cinq sacristains par nuit pour administrer les malades.

Le fardeau était lourd ; il fallut ployer bientôt, surseoir
aux travaux et se soigner. Son évêque ayant appris
ce contre-temps fâcheux, lui adresse une lettre, dont
je détache les passages relatifs à cette maladie. Notons
toutefois qu'avant l'arrivée de cette missive, notre
malade était entré en convalescence et avait pu même
écrire à Mgr pour l'informer de son état et demander en
même temps la permission du gras les vendredis et
samedis.

> « Périgueux, le 9 décembre 1821.

> « Monsieur le curé,
>
> « J'étais à Sarlat lorsque j'ai appris votre maladie par
> « M. Mazet, et, par vous même, j'apprends votre conva-
> « lescence. Je vous avais bien recommandé à la très sainte
> « Vierge dans le saint Sacrifice de la Messe.
>
> « Je vous permets de faire gras les vendredis et same-
> « dis jusqu'à votre entière convalescence ; en général,
> « nous devons nous en rapporter à cet égard aux méde-
> « cins et à leurs décisions ; *honora medicum propter neces-*
> « *sitatem* (1). Il y a ici nécessité et pour vous et pour les
> « âmes que vous avez à soigner.
>
> « Adieu, mon cher Hivert, ne vous laissez pas découra-
> « ger et ménagez votre santé. Le Séminaire est très
> « nombreux et va très bien. Dieu soit béni !
>
> « Je vous salue très humblement, etc.

> « † ALEXANDRE, *évêque de Périgueux.* »

En 1833, des différends se sont élevés entre le Conseil
de Fabrique et le Conseil municipal au sujet de la nomination d'un ou plusieurs fabriciens. Notre curé, dans cette
conjoncture, a recours à l'évêque, son conseiller, qui lui
répond en lui indiquant la conduite qu'il faut tenir. Puis
il en vient à des conseils toujours nécessaires à ceux qui

---

(1) Honorez le médecin à cause de la nécessité.

se trouvent en présence de difficultés, afin de n'y pas sombrer. Monseigneur lui dit :

« Faites en sorte avec M. le Maire qu'il règne la plus
« grande harmonie entre les membres de la commune et
« les membres de la Fabrique, et cela, dans l'intérêt de
« la commune. Car rien n'est plus intéressant pour une
« commune que le lieu où tout le monde se rassemble
« pour louer et bénir Dieu, pour l'implorer dans le
« malheur, pour le remercier de ses bienfaits, pour solli-
« citer sa protection. Courage, patience, prudence et
« charité, mon cher Hivert ; n'ayons tous qu'un même
« esprit ; *solliciti sitis servare unitatem* (1).

« Je vous salue très humblement, etc.

« † ALEXANDRE, *évêque de Périgueux.* »

Vers la fin de l'année 1832, M. Hivert a passé quelques jours de retraite au séminaire de Sarlat ; il y a goûté de grandes consolations en remontant son esprit et son cœur dans la force de Dieu même, afin de continuer courageusement son œuvre. Dans une longue lettre *(in-folio),* il fait part à son évêque de ses douces impressions ; — il parle ensuite de cinquante jeunes gens qu'il a réunis pour recevoir des instructions particulières et les préparer sans doute à la confirmation ; — puis il entretient l'évêque de M. Laurique, son confrère, nommé naguère à Saint-Michel ; — enfin il manifeste son désir et son projet d'acquérir, pour son église de Saint-Laurent, une statue de la Sainte-Vierge semblable à une statue qu'il a vue au palais épiscopal.

Monseigneur, dans une missive du 22 décembre 1832, répond point par point à tous les chefs exposés par le zélé pasteur.

« Monsieur le Curé ;

« 1° Je vous félicite des consolations que vous avez

____

(1) Ayons le souci de conserver l'unité.

« éprouvées au séminaire ; c'est le magasin des bonnes
« pensées, des saintes résolutions et des principes de la
« science et de la piété; j'en fais l'épreuve tous les ans ;
« j'y serai dans un mois.

« 2° Parlez un peu de moi à vos cinquante jeunes gens
« et dites-leur que je suis uni à eux d'esprit et de cœur ;
« lorsqu'ils se seront bien instruits avec leur pasteur, je
« les vois ranimant par leur piété et leurs exemples la
« piété dans votre paroisse. Les rois de la terre peuvent
« bien leur demander leur argent, leurs biens et leur
« sang ; mais le roi du ciel ne veut que leur cœur. »

3° Ici l'évêque parle longuement de M. Laurique « qui
n'a pas su prendre ses paroissiens », et il termine cet article en disant : « Il est incroyable ce qu'on peut se pro-
« curer par la douceur, la patience et la persévérance
« dans l'exercice de ses devoirs.

« 4° La petite vierge que vous avez vue chez moi est un
« cadeau que l'on m'a fait ; elle est en porcelaine et serait
« trop petite et trop chère pour votre autel ; vous pourrez
« vous en procurer facilement une en plâtre en écrivant
« à Bordeaux, à quelques ecclésiastiques. Il faudrait
« choisir Notre-Dame de la Miséricorde, telle que celle du
« séminaire. Souvent il passe des plâtriers qui portent
« de ces vierges ; s'il s'en présentait à Périgueux, j'en
« ferai l'emplette pour vous.

« Adieu, je vous salue très humblement, etc. »

Avant de quitter cette lettre, remarquons cette dernière
parole de l'Evêque ; *S'il s'en présentait à Périgueux* (des
plâtriers, marchands de statues), *j'en ferai l'emplette pour
vous.* Quelle condescendance de l'Evêque pour un curé :
Se mettre en avant et se charger d'acheter pour lui, si
l'occasion favorable lui en est donnée, une statue de la
Vierge, comme le pasteur la désire et comme elle doit
être !

M. Hivert est desservant de Saint-Laurent depuis quatre

ans ; il vient de faire une maladie sérieuse ; et voilà que
peu après nous le trouvons ou surprenons soupirant après
un autre poste. Dans une lettre du mois d'octobre 1833 il
expose assez ouvertement ses désirs à son Evêque, après
qu'il l'a entretenu de toutes les industries de son zèle pour
la sanctification de ses paroissiens.

La réponse du 21 octobre, qu'il reçoit à ce sujet de
M. Audierne, vicaire-général, parle bien du poste quasi
ambitionné par M. Hivert, mais elle n'en révèle point
le nom. Il y est fait allusion ; on peut le soupçonner et le
conclure du langage même du vicaire-général, et aussi de
la nomination, quelques mois après seulement, au début
de l'année 1834, de M. Hivert, comme vicaire-régent, à
Neuvic, dont le titulaire, M. Desmoulins est âgé et infirme.

« Bon et excellent curé,

« Vous êtes toujours occupé de vos paroissiens et des
« moyens de les sanctifier davantage. Courage, Dieu a
« déjà béni vos travaux ; il les bénira encore davantage.

« Patience pour l'affaire en question ; si le poste était
« vacant, il y aurait moins de difficulté ; attendons et
« nous verrons. Votre zèle est bien connu de Monseigneur,
« et là il en faudra ; mais actuellement n'ayez qu'une
« pensée et concentrez-la dans votre paroisse.

« Vous connaissez tout notre attachement et celui que
« vous porte Monseigneur.

« Cette affection repose sur votre zèle et votre amour
« pour le bon Dieu.

« L'abbé AUDIERNE, *vicaire-général.* »

PETIT APPENDICE

M. HIVERT ET LES MISSIONS ÉTRANGÈRES

N'étant que diacre et encore au Grand Séminaire,
l'abbé Hivert, nous l'avons dit, avait fait quelques démarches pour obtenir un emploi d'aumônier militaire. Il dut

renoncer à ce projet. Devenu curé de Saint-Laurent-des-Hommes, nous l'avons vu sur ce théâtre exercer son zèle et parcourir cette contrée de la Double en véritable apôtre. Ces travaux cependant ne suffisent pas à son activité prodigieuse, infatigable. Il y avait quatre ans à peine qu'elle s'y déployait dans tout son plein, lorsqu'il conçut le projet d'entrer dans les Missions étrangères, brûlant d'envie de se dépenser tout entier pour les âmes des malheureux infidèles. Il avait eu un compagnon, M. Guines, pour partager ses aspirations à l'aumônerie militaire ; ils sont deux aussi, M. Laurique, curé de Saint-Michel-de-Double, et lui, rêvant l'un et l'autre de la vie apostolique dans les contrées lointaines et sauvages. Rêve ! c'est peut-être le mot dont on peut taxer ou qualifier leur projet. Le rêve est de courte durée et s'évanouit sans laisser presque aucune trace. Ainsi leur projet ne fut-il qu'un courte velléité sans consistance, un vrai rêve dont ils furent tirés sans retour par les conseils toujours pleins de sagesse, de prudence et de lumière de leur saint évêque. L'abbé Hivert, en effet, dans une très longue lettre du 17 mai 1835, après avoir exposé à Mgr de Lostanges plusieurs cas ou doutes qui l'embarrassaient et dont il demandait la solution, lui avait fait part également du désir qui le travaillait de s'enrôler dans les Missions étrangères. Et l'évêque, toujours plein de tendresse pour son cher disciple, lui dit dans sa réponse du 22 mai :

> « Monsieur le curé et mon très cher fils en Jésus-Chrit,
>
> « Je réponds de ma solitude du Séminaire à votre « *in-folio* du 17 de ce mois.
>
> . . . .
>
> « Comment avez-vous eu l'idée d'aller travailler dans « les missions étrangères, tandis que vous faites et que « vous pouvez faire tant de bien dans votre propre pays

« et dans cette pauvre Double? C'est une véritable tenta-
« tion et une suite d'inconstance ou d'inquiétude d'es-
« prit. Quand vous aurez travaillé cinq ou six ans, que
« vous aurez acquis une grande connaissance du cœur
« humain à la suite des apôtres et de Jésus-Christ, vous
« pourrez, après avoir beaucoup consulté pour connaître la
« volonté de Dieu, vous livrer à votre goût. Vous aimez
« l'occupation, vous êtes en état de vous suffire à vous-
« même; c'est une grande grâce de Dieu. Occupez-vous à
« présent à faire un petit historique de toutes les particu-
« larités de votre paroisse; inscrivez les noms de tous les
« habitants en suivant le bourg, les villages, les hameaux,
« le nombre des enfants, des jeunes gens, des ménages,
« des propriétaires, des ouvriers, des vieillards, des pau-
« vres, des infirmes, et envoyez-moi ces détails.
« Quant à Laurique, il n'a pas su prendre sa paroisse...
« Je vous salue très humblement en Notre Seigneur
« Jésus-Christ sous la protection de la sainte Vierge.

« † ALEXANDRE, *évêque de Périgueux.* »

*Véritable tentation et suite d'inconstance ou d'inquiétude
d'esprit,* dit l'évêque dans sa lettre ; cette parole si sage
dissipa le songe et fit tomber le charme. Sorti doucement,
sans sursaut, de son rêve et rendu à lui-même, l'abbé
Hivert réfléchit ; il jugea qu'il devait rester au pays natal
où son zèle trouverait une assez vaste matière.

Il continua donc son ministère à Saint-Laurent, de là
peu après il passa à Neuvic et enfin, aux abords de la
vieillesse, à Badefols, sur un théâtre moins élevé, mais
plus en rapport avec son âge et ses forces. C'est là, dans
ces deux postes successifs, que nous allons le suivre avec
l'intérêt qui s'attache à tout ce qu'il fait ou entreprend.

IV

M. HIVERT A NEUVIC

DÉBUTS

C'est donc en 1834 que l'abbé Hivert quitta Saint-Laurent, appelé par la confiance de son évêque à Neuvic, pour administrer, comme vicaire-régent, cette paroisse, dont le titulaire était âgé et infirme.

Dès son arrivée, le jeune vicaire-régent adresse à ses nouvelles ouailles un discours sur les avantages de la religion pratique, et dans la péroraison il leur dit : « Si « le bon Dieu m'apparaissait, comme autrefois à Salomon, « au commencement de son règne, pour me dire comme « à lui : demande-moi ce que tu voudras, il m'est témoin « que je ne lui demanderais pas la fortune, on en a tou- « jours assez quand on n'étend pas bien loin ses désirs ; « Seigneur, lui dirais-je, si j'ai trouvé grâce devant vous, « accordez-moi, donnez-moi le salut de tous ceux qui « sont ici assemblés. »

Avant de terminer, il fait l'éloge du vénérable pasteur qui reste, pour y finir ses jours, au milieu de ses chers et anciens paroissiens.

Voici comment il s'exprime :

« Monseigneur l'Evêque m'a envoyé parmi vous pour

« vous offrir les services de la religion. Je ferai de mon
« mieux pour m'acquitter de la mission qui m'a été con-
« fiée. Si les forces de votre vénérable et cher pasteur
« avaient secondé son courage, on n'aurait pas eu besoin
« de mon ministère. Votre conduite est et sera toujours
« le témoin vivant de tout le bien qu'il a fait dans votre
« paroisse. Il a, sans le savoir, bien des titres à votre
« reconnaissance, pieuse jeunesse. C'est lui qui vous
« a fait faire votre première communion. Mères chré-
« tiennes, c'est lui qui a inspiré à vos enfants ces senti-
« ments qui font votre bonheur. Malheureux d'autrefois,
« c'est lui qui a ôté le péché de votre âme ; sans lui vous
« seriez encore les ennemis de Dieu. Oh ! comme un jour
« dans le ciel sa couronne sera belle ! Tous les pau-
« vres qu'il a secourus, toutes les âmes qu'il a sauvées,
« tous les enfants qu'il a défendus l'accompagneront
« au grand jour des récompenses. Que sa vieillesse vous
« soit toujours chère ! Que vous aimiez toujours à vous
« entretenir de ses vertus ! Qu'il soit toujours pour vous
« le digne ministre de Dieu, dont il vous a représenté les
« actes ! Je ne vous en dis pas davantage ; vos cœurs vous
« disent le reste. »

Peu après son arrivée au poste de Neuvic, l'abbé Hivert
désireux de donner à son Evêque des détails sur sa nouvelle mission, lui écrit à ce sujet et il exprime en même
temps ses regrets d'avoir quitté Saint-Laurent. Voici la
réponse du Pontife et père :

« Périgueux, le 17 mai 1834.

« Mois de Marie »

« Mon très cher fils en Jésus-Christ,

« 1° Je vous remercie des détails que vous me donnez
« sur votre nouvelle mission. C'est au Seigneur à faire
« connaître s'il daigne agréer nos dispositions par les
« bénédictions qu'il peut répandre sur notre ministère.

« 2° Je conçois tous vos regrets de quitter une paroisse

« où vous avez reçu tant de marques d'attachement. Je
« me suis trouvé moi-même dans cette pénible situation.
« Mais vous pouvez assurer que votre successeur ne se
« fera pas attendre si vous voyez que le bien s'opère à
« Neuvic.

« Rien ne sera définitivement arrêté qu'au premier
« juillet, époque où je délivre les titres aux ordonnés de
« la Trinité.

« 3º Je vous verrai avec grand plaisir dans notre soli-
« tude de Sarlat ; nous consulterons ensemble le Seigneur.

« Adieu, je vous salue très humblement en Notre-
« Seigneur Jésus-Christ sous la protection de la Sainte-
« Vierge.

« † ALEXANDRE, évêque de Périgueux. »

Mais à peine l'abbé Hivert a-t-il commencé son nouveau
ministère à Neuvic qu'il retombe malade. Informé de la
rechûte de son cher enfant, Mgr de Lostanges lui envoie
quelques paroles du cœur :

« Périgueux, le 14 juin 1834.

« Monsieur le Curé,

« J'ai appris votre rechûte par vos bons confrères et
« même on me donnait des inquiétudes sur les suites de
« votre indisposition, si vous ne vous ménagiez pas beau-
« coup. Je suis donc heureux d'apprendre de vous-même
« que la fièvre vous a quitté. Dieu veuille qu'elle ne
« revienne pas au moment où vous vous proposez de
« commencer vos grands travaux. Tout dépendra de
« l'ordre que vous mettrez dans la disposition des heures,
« dans le choix de votre nourriture et dans le repos
« nécessaire que vous devez prendre aussi régulièrement
« que possible. Plus vous m'écrirez et plus vous me ferez
« plaisir. Le titre de M. Dunap (curé nommé de Sourzac),
« lui sera envoyé le vingt de ce mois et il ne prendra
« possession que le premier juillet. Je lui recommande de

« vous consulter et d'apprendre de vous l'art de bien
« conduire sa paroisse. »

« Adieu, je vous salue, etc. »

« † ALEXANDRE, *évêque de Périgueux.* »

MORT DE M. LE CURÉ DESMOULINS,
SON ORAISON FUNÈBRE

Une année s'est écoulée, pendant laquelle le vieux
Doyen de Neuvic a quitté la terre, assisté, à ce moment
suprême, par le jeune vicaire-régent. Au jour des funérailles, au milieu de toute la population réunie autour
du cercueil, celui qui bientôt va devenir curé de Neuvic,
prononce d'une voix émue l'oraison funèbre de son
prédécesseur, que nous croyons devoir reproduire ici en
entier :

> « *Modicum plora suprà mortuum, quoniam*
> « *requiescit.*
>
> « Pleurez modérément celui que vous avez
> « perdu, car il est en paix.

« Mes très chers frères,

« Les écrivains profanes nous disent qu'un puissant roi,
« considérant avec orgueil la superbe et nombreuse
« armée qu'il commandait, versa pourtant des pleurs, en
« songeant que dans peu d'années, de tant de milliers
« d'hommes il n'en resterait pas un seul en vie. Il avait
« raison de s'affliger sans doute, la mort pour un païen
« ne pouvant être qu'un sujet de larmes. Mais que
« bien différentes sont les pensées d'un chrétien ! Pour
« lui la mort n'est qu'un passage à une vie meilleure. A
« ce mot il se rappelle toutes les promesses de l'Ecriture-
« Sainte, tout le bonheur qui l'attend. A ce mot de mort
« se présentent tout de suite à son imagination les
« combats qu'il a livrés au démon, les persécutions qu'il
« a souffertes, les sacrifices qu'il a offerts, les mérites

« qu'il a acquis, les bonnes œuvres qu'il a opérées ; un
« Dieu plein de miséricorde qui l'appelle ; une récom-
« pense sans fin ; un océan de délices qui lui sont réser-
« vées. Voilà donc pour lui autant de sujets de consola-
« tion. Tout de même dans la circonstance où nous nous
« trouvons, il nous paraît difficile de ne pas être affligés,
« en pensant à celui que nous avons perdu. Oui, vous le
« regrettez, puisque en le perdant, vous avez perdu
« un ami, vous avez perdu un guide, vous avez perdu un
« bon conseil. Oui, vous le regrettez, parce que en le
« perdant, vous avez perdu un pasteur qui se serait
« sacrifié pour vous, un pasteur doux, charitable, com-
« plaisant, affable, rempli de ces qualités qui forment le
« ministre selon le cœur de Dieu. Voilà le sujet de votre
« affliction ; mais ce sont ces mêmes qualités qui vous
« consolent de sa perte. Oui, il repose en paix, puisqu'il a
« été toute sa vie doué de cette vertu qui les renferme
« toutes, nous voulons dire : la Charité. Ah ! mes frères,
« quel bonheur pour moi d'entendre tous les jours des
« pauvres raconter quelque nouveau trait de cette vertu
« qui lui était si naturelle ! Que nous sommes édifiés
« d'entendre les pauvres faire son oraison funèbre et
« répéter comme il était bon, comme il était charitable !
« Tout ce qu'il avait, il nous le donnait. Aussi il est mort'
« comme meurent les bons prêtres et comme nous mour-
« rons s'il plaît à Dieu, sans fortune, sans argent et sans
« dettes.

« Et en passant, tâchons, pour notre salut, de profiter
« du spectacle que nous avons sous les yeux. Voyez-vous,
« mes frères, comme nous deviendrons tous ; approchez,
« considérez-le bien. Venez le voir, jeunes gens qui, pen-
« dant que vous vous portez bien, faites tant les fiers,
« lorsqu'on vous parle de la religion ; voyez, vous, qui
« saviez si bien le tourner en ridicule, vous, qui des
« milliers de fois par jour n'aviez à la bouche que des

« paroles profanes, vous, dont le libertinage fut la seule
« occupation, vous, qu'on croirait à votre conduite ne
« devoir jamais mourir ; voyez ce que vous deviendrez.
« Approchez aussi, jeunes filles, venez le voir, vous, qui
« êtes idolâtres de votre beauté, vous, qui ne pensez qu'à
« la vanité, qu'aux ajustements, qu'aux plaisirs, vous, qui
« avez perdu tant d'âmes et corrompu tant de cœurs par
« les libertés criminelles que vous avez permises. Cette
« beauté disparaîtra, cette jeunesse s'évanouira, ces plai-
« sirs vous quitteront et vous deviendrez un cadavre.
« Approchez aussi, vous, tous qui êtes si joyeux de votre
« fortune, vous, qui ne pensez qu'à amasser du bien, des
« richesses, qu'à entasser de l'or, vous, qui préférez
« l'argent à tout, qui, pour sauver votre âme, ne voulez
« point réparer vos injustices. Voyez ce que vous serez
« peut-être demain, peut-être dans huit jours, peut-être
« même plus tôt, mais ça viendra. Voyez-vous ce que vous
« emporterez de vos richesses, un peu de linge, quatre
« planches, et puis un peu de terre pardessus ; et votre
« âme, si vous n'avez pas fait pénitence, ira recevoir
« dans l'enfer le châtiment de tous vos péchés.

« Ah ! que bien différent sera votre sort si vous avez eu
« le bonheur de marcher sur les traces de celui que nous
« regrettons ! Vous pourrez alors comme lui vous présen-
« ter avec confiance au tribunal de Dieu. Les pauvres,
« que vous aurez secourus, vous prépareront les voies et
« adouciront la sévérité de votre juge et vous feront
« trouver miséricorde devant lui.

« Que de souvenirs se réveillent à la mort d'un bon
« prêtre ! Tous les conseils qu'il a donnés, toutes les
« personnes qu'il a instruites, toutes les charités qu'il a
« faites, tous les miracles qu'il a opérés, les premières
« communions qu'il a fait faire ; les pécheurs qu'il a
« convertis et empêchés de se perdre, voilà autant de
« sujets de rémunération.

« Mes frères, nous vous recommandons sa tombe ;
« qu'elle vous soit en vénération, et lorsque vous accom-
« pagnerez ceux qui vous sont chers à l'endroit où les
« morts reposent, vous la montrerez à vos enfants. Racon-
« tez-leur bien comme il vous aimait, tout ce qu'il a fait
« pour votre bonheur ; dites-leur combien il eut de nom-
« breux amis, comme la charité était pour lui une pas-
« sion ; ne leur laissez pas ignorer combien son âme était
« fière, combien il aima son Dieu. Vous appellerez sa
« tombe la tombe du *Bon pasteur.*

« Bon et charitable membre de Jésus-Christ, si vous
« avez besoin du secours de nos prières, elles ne vous
« seront point refusées. Toutes les fois que nous offrirons
« le Saint-Sacrifice de la messe, nous vous le promet-
« tons, nous nous souviendrons de vous. Tous ceux que
« vous avez conduits dans les voies du salut uniront leurs
« prières aux nôtres ; tous ensemble nous ferons monter
« nos vœux vers celui qui a promis de nous exaucer. Bon
« et charitable pasteur, partez, montez au ciel, portez
« à votre Dieu votre belle âme chargée de mérites et
« purifiée par de longues souffrances. Allez vous présen-
« ter à celle que la sainte Eglise appelle la *Reine du*
« *Clergé* ; allez partager la joie des anges, allez recevoir
« la couronne du juste, montez au ciel et célébrez la
« bonté de celui qui a promis de récompenser un verre
« d'eau donné à un pauvre en son nom.

« Mais bon et charitable pasteur, lorsque vous serez
« dans le ciel, priez pour ceux que vous avez laissés sur
« la terre. Priez pour vos chers enfants ; vous savez
« l'amitié qu'ils avaient pour vous et l'amitié que vous
« aviez pour eux ; priez pour nous tous ; demandez la
« conversion des pécheurs et la persévérance des justes.
« Adieu donc, âme belle, adieu donc, âme pure, adieu
« donc, âme charitable. Lorsque vous serez dans le ciel,
« soyez le protecteur de cette paroisse ; nous aussi nous

« sommes chrétiens, nous aussi nous avons la foi, nous
« aussi nous avons la douce espérance qu'un jour nous
« partagerons votre gloire et votre bonheur. Adieu donc,
« bon pasteur, au nom de tous vos enfants, au nom de
« tous les pauvres que vous avez secourus ; adieu pasteur
« charitable ; au nom de tous vos nombreux amis, adieu
« encore une fois ; adieu ami charitable ; encore une
« fois adieu, âme belle ; encore une fois adieu, âme pure :
« encore une fois, adieu, âme sainte. Bon pasteur, pas-
« teur charitable, adieu ! »

CURÉ DE NEUVIC

Immédiatement après la mort de M. Desmoulins, de
vicaire régent, l'abbé Hivert devint curé de Neuvic. Son
installation eut lieu en juillet 1835. Il en envoie sans
retard le procès-verbal à son évêque qui lui répond par
les quelques lignes suivantes :

« Périgueux, 21 juil. 1835.

« Monsieur le Curé,

« J'ai l'honneur de vous accuser réception de la décla-
« ration constatant que vous ne jouissez d'aucune pension
« ecclésiastique et du procès-verbal de votre installation.
« Je vais transmettre ces deux pièces à M. le préfet; afin
« que vous puissiez percevoir votre traitement.

« Je prie le Seigneur qu'il daigne répandre sur vous
« d'abondantes bénédictions pendant votre retraite pour
« votre sanctification et pour le salut du peuple que je
« vous ai confié.

« J'ai l'honneur d'être avec une parfaite considération,
« Monsieur le Curé, votre très humble et très obéissant
« serviteur.

« † ALEXANDRE, *évêque de Périgueux*. »

La formule finale de salutation est à remarquer, bien

différente, en effet, des formules habituelles des lettres de Mgr de Lostanges à l'abbé Hivert. De plus, cette lettre n'est pas écrite de la main de l'Evêque et ne porte que sa signature ; il était déjà souffrant sans doute et avait ressenti les premières atteintes du mal qui l'emporta bien vite en août de cette même année 1835, au petit séminaire de Bergerac.

La disparition de Mgr de Lostanges fut un coup très sensible pour M. Hivert, qui perdit en lui un bon père, un conseiller éclairé, un protecteur attentif et un très prudent modérateur.

Cependant le jeune curé-doyen de Neuvic, peut-être un peu trop fier de sa dignité et encore tout plein de la considération, de l'estime, du poids et de l'autorité dont il jouissait naguère auprès du Conseil épiscopal, crut pouvoir intervenir et donner, sans qu'ils lui fussent demandés, des renseignements relativement à une décision à prendre au sujet de la paroisse de Saint-Germain-du-Salembre. Cette immixtion lui attira de la part de M. Lasserre, vicaire-général, quelques remontrances assez vives. Mais plein de foi, de respect et de soumission, le bon prêtre se rétracta, reconnut son petit écart, en faisant d'humbles excuses ; ce qui lui valut, peu après, la réponse suivante, dont les quatre lignes sont assez flatteuses pour notre héros :

« Monsieur et cher Curé,

« Je rends parfaitement justice à vos intentions ; soyez « bien persuadé que si je pouvais quelque chose auprès du « nouvel évêque (1), vous seriez peint à ses yeux sous les « couleurs les plus honorables.

« Recevez, l'assurance de mon sincère et respectueux « dévouement.

« LASSERRE, *vicaire-général.* »

____

(1) Le nouvel Evêque était Mgr Gousset, récemment arrivé.

LES ŒUVRES DE M. HIVERT A NEUVIC

Le nouveau curé de Neuvic doit, dans les desseins de Dieu, administrer cette paroisse jusqu'en 1867. Ce long espace de trente-deux ans sera un ministère fécond en œuvres de toutes sortes. Il serait difficile de rapporter ici toutes ses nombreuses entreprises. Dieu seul connaît, pour le récompenser maintenant, tout le bien que sa main a largement semé dans ce champ, qu'il aima comme un père et cultiva avec tant de sollicitude.

Et avant d'aller plus loin, disons que le curé de Neuvic fut admirablement secondé dans ses œuvres par la comtesse de Mellet, dont l'éloge si bien fait par une plume très autorisée et justement trempée dans la reconnaissance du cœur (1), peut sans inconvénient être renouvelé ici où il trouve sa place naturelle. Fille du général de ce nom, décédé en 1854, elle habitait seule, depuis cette époque, le Château de Neuvic, où elle devint la Providence des pauvres et porta la sollicitude de sa vaste charité sur une foule d'œuvres multiples et variées. Digne sœur des saintes femmes de l'Evangile, les pourvoyeuses de Jésus, elle prêta à son pasteur un semblable concours, généreux, dévoué, constant ; comme une nouvelle Marthe du *Castellum de Neuvic* devenu une autre Béthanie, on peut la regarder, la désigner *Elle* « chanoinesse de Sainte-Anne de Bavière » comme le *vicaire forain* du prêtre, de M. Hivert surtout, ce curé qui ne voulut jamais de vicaire.

Si nombreux en tout genre furent, dans la contrée, les bienfaits royaux de cette femme vraiment noble, forte et admirable de piété réelle, simple, mais très éclairée, que de son vivant même, on l'appelait la *Sainte Demoiselle*.

____

(1) Art. nécrol. dans la *Semaine Religieuse de Périgueux*, par M. l'abbé Ch. Montel, chapelain d'honneur de la Basilique de Lorette, missionnaire apostolique.

Et M. de Gourcy, son neveu (1), écrivant le 28 novembre 1885, à M. Hivert, curé de Badefols, pour lui faire part du décès de Mademoiselle de Mellet, sa tante, n'hésite pas à la qualifier ainsi, en disant : « *Notre chère sainte est au* « *Ciel* ; jugement, ajoute-t-il, que sembla ratifier à ses « obsèques la présence de ces 1.300 personnes recueillies « et profondément tristes. » A ce témoignage on peut joindre celui non moins précieux de M. le chanoine Ch. Montet, enfant de Neuvic et protégé de cette universelle bienfaitrice, lequel dans un article nécrologique de la *Semaine religieuse* de Périgueux écrit : « L'immense « concours qui l'accompagnait à sa demeure formait, par « son recueillement et son émotion, le plus bel éloge « funèbre de ce grand caractère, dans lequel on aurait « vainement cherché une lacune. Il n'était pas une seule « famille de la contrée qui ne fût représentée à ces obsè- « ques triomphales, telles que le peuple chrétien sait les « faire spontanément à ses véritables amis. »

Tel fut donc le bras droit du curé Hivert à Neuvic, et si ce bras fut « d'une énergie infatigable pour le bien » c'est que la sainte femme « allait la puiser à la véritable « source connue des âmes chrétiennes, auprès de l'hôte « divin du tabernacle. » Elle allait la puiser aussi dans les conseils et les encouragements de son curé. Aussi comme M. Hivert lui manqua, quand plus tard il eut quitté Neuvic pour jamais ! Elle s'en plaint et elle révèle ce qui lui manque, ce qu'elle a perdu, dans une lettre écrite à

---

(1) L'illustre nom des comtes de Mellet s'est éteint en Mademoiselle de Mellet. Elle avait un frère, Ch. de Mellet qui avait épousé une demoiselle de Saint-Chamant de Chaltrait, près Epernay (Marne). Ils n'eurent qu'une fille qui épousa le comte de Gourcy, lequel également n'a eu qu'une fille, mariée avec le comte de Nétunières, de la Bretagne, en qui se perpétue l'héritage de vertus, de charité et d'honneur laissé par celle dont la vie ne fut qu'un même acte de vertu.

M. Hivert même, le 29 novembre 1867 et dont je détache les lignes suivantes :

« M. Castaing, qui vous a vu à Bergerac, m'a dit que
« vous lui aviez paru bien portant et bien content ; quant
« à la première chose, je l'espère ; quant à la deuxième,
« je pense intérieurement que vous faites comme d'autres,
« que vous prenez patience, de même après que Castaing
« m'a parlé de sa santé qui n'est pas robuste, m'a ajouté
« qu'il fallait s'accoutumer à se détacher des choses de la
« vie ou à peu près ; je lui ai répondu les larmes aux
« yeux : vous faites comme moi, vous cherchez la société
« de votre digne compagne, que vous n'avez plus, de
« même que je cherche toujours le point d'appui de mon
« vieux père et celui des trente-trois ans que M. Hivert
« a passés ici.

« Je termine, Monsieur le curé, en espérant que je
« porterai toujours jusque dans le ciel le titre de votre
« dévouée brebis.

« Charlotte. »

On me pardonnera si j'ai rendu ici en passant un hommage si justement mérité, du reste, à cette héroïne de la charité chrétienne, dont les œuvres ont rayonné sur tout le ministère de M. Hivert à Neuvic. Lui-même, loin de me démentir, ne ferait que le confirmer et le consacrer de tout point et de toute l'autorité qu'il aurait pour cela.

I

FONDATIONS

DES FRÈRES MARISTES A NEUVIC

Or, l'œuvre capitale de notre héros à Neuvic fut l'établissement des Frères Maristes. Ce fait de la fondation

d'une telle maison, alors autrement rare que de nos
jours, fut un évènement dans toute la contrée ; il mérite
donc toute notre attention et nous devons l'exposer dans
ses circonstances principales.

En 1850, depuis seulement quelques mois, Neuvic avait
pour instituteur, M. Haulpetit. Déjà le pasteur avait pu
apprécier les qualités de ce maître d'école qui lui rendait
même de grands services, dans les cérémonies religieuses,
par l'exécution de messes et de morceaux de chant,
auxquels il avait préparé ses élèves et plusieurs jeunes
gens. Cette nomination avait néanmoins soulevé quelques
difficultés et certaines oppositions ; sur quoi l'inspecteur
d'Académie de Périgueux consulta *confidentiellement* M. le
curé de Neuvic qui fut prié de dire tout ce qui en était.
Le pasteur donna sur le régent les meilleurs renseignements, et il termine sa note de quatre pages en con-
cluant ainsi : « L'administration supérieure n'aura aucun
« reproche à faire à M. Haulpetit ; je me rends caution
« pour lui, *corps pour corps, âme pour âme* ! »

Les choses allaient donc pour le mieux. Chaque année
avait lieu une distribution de prix solennelle ; jour de
véritable fête pour la commune et la paroisse, présidée
par le pasteur qui en profitait pour faire aux enfants des
discours d'à propos très intéressants dont deux entr'autres
sont sous nos yeux, mais trop longs pour être reproduits
ici. Hélas ! les choses les meilleures ne durent qu'un
temps, parfois même très court. Peu d'années après ces
beaux débuts, si pleins d'espérances, et qui promettaient
« des merveilles », l'harmonie vint à se briser à la suite
de je ne sais quel fâcheux évènement. Le curé se vit obligé
d'en venir à une suite de démarches pour obtenir le
changement de M. Haulpetit, qui fut envoyé à Saint-
Astier.

La providence avait d'autres desseins et elle les inspira
à son ministre qui en devint le zélé et fidèle exécuteur.

Les difficultés survenues avec celui auquel il avait donné toute sa confiance firent naître dans l'esprit du pasteur, préoccupé de l'éducation de l'enfance et de la jeunesse, le projet, le désir très vif de doter sa paroisse d'une maison de Frères. Il s'en ouvre à la châtelaine de Neuvic, qui loue, approuve, et promet tout son puissant et généreux appui. Aussitôt les négociations sont entamées auprès des Frères Maristes ; le conseil municipal est consulté ; on négocie également avec l'Etat. Mademoiselle de Mellet donne dix mille francs ; le conseil municipal six, et l'Etat s'engage à faire le complément nécessaire. Tout néanmoins n'était pas fini, et l'on vit surgir ici, comme dans toutes les œuvres de Dieu, de ces difficultés, de ces oppositions mêmes qui en sont comme le cachet et le garant du succès. Ainsi que nous l'apprend une lettre du Frère Pascal, alors assistant, le projet allait peut-être échouer, lorsque tout à coup il aboutit pour le mieux. En principe, le Préfet avait promis de remplacer l'instituteur par les Frères, mais au moment de la demande d'autorisation du Frère titulaire, le Préfet, résolu de maintenir l'instituteur, voulut mettre deux écoles communales à Neuvic. M. le curé n'accepta point cette combinaison et préféra que l'école des Frères fût libre. Et en effet, l'école resta libre ; mais comme la rétribution scolaire était insuffisante, le complément fut promis et réglé à raison de un tiers pour M. Hivert et de deux tiers à la charge de Mademoiselle de Mellet, qui se chargeait en outre des impôts de toute nature.

Mais peu après, la généreuse Comtesse, voulant alléger les charges de son bon curé, compléta elle seule le traitement des chers Frères. En sorte que la véritable fondatrice de cette maison d'éducation fut Mademoiselle de Mellet. C'était en 1858.

Annoncés, le 23 septembre 1858, par le frère Assistant et Négociateur, d'Hautefort, où ces religieux faisaient alors leur retraite, les frères arrivèrent à Neuvic où ils furent reçus à bras ouverts et avec des transports de joie. Leur installation qui eut lieu quelques jours après, fut un grand jour de fête locale. Le souvenir s'en est conservé longtemps, et le discours prononcé, dans cette mémorable circonstance, par l'heureux pasteur, est bien propre à le faire revivre pour nous à une distance de quarante-deux ans.

« Maintenant, dit-il, que toutes les difficultés sont apla-
« nies, que les frères sont acclimatés parmi nous, qu'ils
« jouissent de leurs droits de citoyens de la commune et
« de la paroisse de Neuvic, maintenant que *celle que je*
« *veux dire et que nous nommons tous* peut jouir de ses
« sacrifices pour fonder notre chère Ecole, je remercie
« les pères et mères qui ont eu le bon esprit d'entrer
« dans nos idées. »

Ensuite, après avoir donné aux enfants le conseil de rester unis comme de bons et excellents camarades, il continue : « Un de nos grands hommes avait l'habitude de
« dire que si l'on pouvait trouver trois hommes de bien
« unis, n'ayant qu'une même pensée, un même cœur et
« une même âme, ces trois hommes seraient maîtres de
« l'Europe. Et vous aussi, chers enfants, si vous restez
« bien unis, si vous savez vous soutenir les uns les autres,
« vous serez les maîtres de la paroisse et de la commune,
« vous serez les maîtres du canton, les maîtres de l'arron-
« dissement, les maîtres du département, les maîtres de
« la province, les maîtres de la France, sous le gouver-
« nement de sa Majesté l'Empereur. »

Ecoutons la suite ; elle me paraît très habile et de bonne tactique.

« Je termine, dit le pasteur, par le bouquet d'artifice :
« je suis content et très content que l'Ecole communale
« prospère à côté de l'Ecole des chers Frères. Si cette
« Ecole communale n'existait pas, je ferais tout au monde

« pour la fonder. Le soleil luit pour tout le monde. Et ce
« que le Bon Dieu a fait est toujours bien fait. »

La fin est d'un trait original au premier chef :

« Vos maîtres qui vous instruisent ont tellement de
« mérite à mes yeux que je n'ai jamais pu concevoir les
« sacrifices qu'ils s'imposent. Permettez-moi une confes-
« sion publique. Mes dettes une fois payées, il me reste-
« rait quatre-vingts francs et mon mobilier évalué à trois
« ou quatre cents francs (et je serais heureux qu'on me
« prît au mot); eh! bien, on voudrait m'offrir cent
« mille francs par an pour faire l'école pendant dix mois
« que je dirais : je n'en veux pas, adressez-vous à d'au-
« tres. Votre bon cœur vous dira donc ce que vous devez
« de reconnaissance aux chers Frères qui se dévouent à
« votre instruction. »

LES FRÈRES ET LEURS ÉLÈVES
CONDUITS A BORDEAUX PAR M. HIVERT

Ainsi tout dévoué à cette œuvre, tout dévoué aux maîtres et aux élèves, M. Hivert se prit un jour et se mit à
rêver d'un moyen très original pour manifester le plus
haut possible son profond attachement. Tout à coup
surgit dans son esprit fécond en expédients, le projet de
leur procurer, aux maîtres et aux enfants, un jour exceptionnel de congé et de récréation : une promenade à Bordeaux ! A Bordeaux ? Mais même en chemin de fer, c'est
plus qu'une promenade, c'est un voyage. Eh bien ! oui, il
voulut les conduire tous à la grand'ville, et c'est ce qu'on
a appelé : *Le voyage à Bordeaux des enfants des Frères.*
Voilà, par exemple, qui est unique, inouï ! On a bien vu
et l'on voit encore des maîtres, des instituteurs et institu-
trices conduire, par un beau jour de printemps, leurs
élèves dans quelque excursion, mais de quelques heures

seulement et sans bourse délier. On voyait bien jadis des maîtres d'école réunir, au jour de Sainte-Catherine, leur fête, leurs écoliers qui portaient chacun le petit mets, bœuf, dinde, mouton, poulet destinés à la table commune. Mais ici c'est le pasteur qui prend tous ces enfants avec leurs maîtres et les conduit à une promenade lointaine, se chargeant de tous les frais de chemin de fer, de nourriture, de menus plaisirs, de distractions et d'agréments de tout genre. Ah ! c'est qu'il a quelque argent qui lui pèse et il s'ingénie à s'en décharger. Encore une fois c'est unique, c'est superbe d'originalité ! Mais aussi, reconnaissons-le, quelle habile tactique pour attirer plus nombreux encore des élèves à ses chers Frères !

Quoiqu'il en soit, trois mois environ après l'installation de ces religieux éducateurs de l'enfance, M. Hivert, ayant mûri ce projet de voyage, en dit un mot en chaire le dimanche 15 janvier 1859, n'y faisant cependant qu'une allusion encore assez discrète, afin de ménager davantage la surprise. « J'espère, dit-il, qu'avant longtemps, je serai « à même d'annoncer aux enfants de l'école des Frères « une agréable nouvelle qui les empêchera pendant un « mois de dormir. »

Puis, sans plus tarder, il écrit à M. Solacroup, chef d'exploitation de la Compagnie d'Orléans, qui dans la réponse du 9 février, lui fait les conditions de transport : être au moins 50 personnes; réduction des trois quarts, c'est-à-dire 3 fr. 20 pour chaque voyageur, aller et retour. De plus la Compagnie met à sa disposition deux wagons, un de 2ᵉ classe, et un de 3ᵉ.

Enfin tout étant bien réglé, le bon curé annonce en chaire le jour de départ pour le 12 mai, un des jours du mois de Marie. Dès deux heures du matin, les cloches de la paroisse sont en branle pour éveiller joyeusement les voyageurs impatients. Toute la population de la ville est sur pied en un instant et groupée sur la place.

Quatre-vingt-dix enfants, en habits de fête, épanouis comme de fraîches roses, s'agitent joyeux aux bras de leurs parents heureux de la part qui leur échoit. Enfin la troupe entière s'ébranle comme un bataillon sacré, et sous la conduite du pasteur et de trois frères, se dirigent vers la gare. On s'embarque par le train de six heures, et, dans toutes les gares, Neuvic, Coutras, Libourne, Bordeaux, partout nos singuliers voyageurs sont l'objet des plus bienveillantes attentions de la part des employés. On profite de trois quarts d'heure d'arrêt à Coutras pour déjeûner. Mais, voici Bordeaux. On descend alerte et curieux..... Arrivé au pont, il faut payer. Alors M. le curé, organisateur et chef de cette bande inoffensive, s'avance et s'adressant au douanier ou pontonnnier : « Combien voulez-vous pour tous, sans les compter, aller « et retour ? Je vous offre dix francs, les voulez-vous, oui « ou non ! » L'employé accepte et tous passent librement. Le déjeûner eut lieu à l'hôtel Montesquieu, et le dîner à l'hôtel du Grand-Théâtre, en plein air. Après le dîner les enfants purent se promener dans la ville jusqu'à dix heures. Enfin rentrés à la gare, ils prirent tant bien que mal un peu de sommeil dans les salles d'attente et le lendemain, à six heures, le train les reprit pour les rapporter à Neuvic où chacun, rentré au foyer paternel, put raconter à l'envi et à son aise les petites aventures du voyage avec ses rires francs et ses joies bruyantes.

M. Hivert avait dépensé un millier de francs. Mais il avait fait du bien, il avait fait des heureux, des rois d'un jour. Ce sont là des traits inoubliables de la vie d'un prêtre. Un tel voyage fut un événement dans tout Neuvic et au delà, et il assure à l'auteur une mémoire éternelle. J'ai parcouru Neuvic presque de porte en porte et, après avoir salué chacun des bons habitants en disant : je suis le curé voisin de votre ancien curé, M. Hivert, et c'est moi qui ai reçu son dernier soupir. — Ah ! M. Hivert, repre-

naient-ils, celui qui aimait tant les enfants (1), qui savait
intéresser les riches en leur faveur, qui, pour leur procurer le bienfait d'une éducation chrétienne, dota la paroisse de bons maîtres comme les Frères ; M. Hivert si
généreux pour procurer à nos enfants, à nous qui alors
étions des enfants, le plaisir d'un voyage à Bordeaux,
avec tout un luxe d'agréments et de menus plaisirs !
Monsieur, nous ne l'oublierons jamais, non, jamais !

Le bon pasteur aimait donc ses Chers Frères, et, leur
étant tout dévoué, il leur envoyait souvent des provisions de toute sorte, surtout lorsqu'ils avaient quelque
hôte étranger. Chaque jour il leur faisait une courte visite.
On raconte qu'une fois, ayant trouvé le Frère économe
occupé à nettoyer des lentilles, il lui dit : « Vous ne laissez
« pas de pierres au moins dans ces légumes, voyons ? »
et en découvrant une petite, que peut-être il y avait
adroitement jetée lui-même, il ajouta : « Vous l'entendez !
je ne « mangerai pas de lentilles de trois ans. » Or, trois
ans après, jour par jour, il vint à la Communauté et dit aux
Frères : « Eh bien, aujourd'hui j'ai mangé des lentilles ! »
Et comme, étonnés, ils ne comprenaient rien à l'allusion
renfermée sous cette exclamation, il la leur dévoila en
rappelant le fait qui datait de trois ans.

Chaque année, il y avait chez les Frères distribution
solennelle des prix ; le curé fournissait soixante francs,
Mademoiselle de Mellet cent francs. Mais lui se réservait

______

(1) Il aimait beaucoup les enfants : on raconte de lui cette pratique
originale : quand il rencontrait dans la rue des enfants en faute, il
les *chiquenaudait* légèrement, les reprenait, et puis il leur remettait
un bout de papier portant le chiffre 1 ou 2 ou 3, etc., comme un ticket
ou bon au porteur, avec recommandation de venir tel jour le lui
présenter à la sacristie. Et là, il offrait dans un plat, à chaque porteur
d'un tel billet, en nombre égal au chiffre inscrit, des sous que chacun d'eux devait prendre lui-même de ses mains ; car lui, M. Hivert
se gardait bien, par principe, de toucher la monnaie de billon, ne
fût-ce que du bout des doigts.

de donner les deux plus jolis livres qui s'élevaient chacun de sept à douze francs. Fondateur de cette maison de concert avec la généreuse châtelaine, il en surveillait la marche, il s'occupait de la direction, se rendait compte des progrès, s'intéressait à tout, et, à la fin de chaque année scolaire, il faisait un discours aux enfants qu'il félicitait et encourageait tout paternellement. Nous avons sous les yeux l'allocution qu'il leur adressa et au public, la première année qui suivit l'établissement des Frères. Il leur rappelle à qui ils doivent cette fondation et provoque leur reconnaissance envers *Celle que Dieu sait et que tous savent et bénissent.* Puis, dans un passage, il dit aux élèves : « Souvenez-vous toujours que la religion et l'édu-
« cation doivent être les deux compagnes inséparables de
« l'instruction ; l'instruction sans la religion est comme
« une locomotive qui déraille et se brise contre le premier
« obstacle et cause la mort de ceux qu'elle devait con-
« duire au but de leur voyage ».

Depuis sa fondation, cette maison toujours florissante, compte parmi ses anciens élèves plusieurs prêtres, des officiers, des professeurs, et aussi d'honnêtes commerçants, de modestes ouvriers qui tous honorent, vénèrent leurs excellents maîtres et gardent un souvenir impérissable de *Celle* à qui cette œuvre de prédilection fut chère entre toutes jusqu'à la fin.

II

L'ÉRECTION D'UN CHEMIN DE CROIX

M. Hivert eut le don, le privilège ou le secret d'attirer les foules, de réunir les masses à l'église, soit par sa parole même qui avait un cachet à part, soit par l'éclat qu'il déployait dans les cérémonies en certaines circonstances. Maintes et maintes fois il put jouir de ce si consolant succès. Nous mentionnerons entr'autres la bénédicdiction d'un *via crucis*.

Le bon curé de Neuvic pensait depuis longtemps à enrichir son église d'un chemin de croix. Il voulut une œuvre presque monumentale. Il s'adressa pour cela à M. Thénot, habile peintre et rédacteur à la *Gazette de France* ; c'est en lisant les articles de cet artiste-écrivain, dans la *Gazette*, que l'abbé Hivert avait fait pour ainsi dire la connaissance de l'ouvrier qu'il apprécia jusqu'à lui confier ce travail. Mais ne voulant rien de vulgaire ni de banal, il lui indiqua quelques tableaux de plusieurs grands maîtres et en exigea la reproduction. Pendant trois ans que dura l'exécution de l'œuvre, il s'établit entre eux deux une assez volumineuse correspondance, d'où résulta comme une amitié réciproque, se témoignant et s'alimentant par des cadeaux mutuels, non point seulement de ces petits présents tout juste bons à maintenir une affection vulgaire et peu assise, mais des cadeaux de valeur, par exemple, M. Thénot offrant à M. Hivert deux compositions, œuvre de ses mains, représentant l'une l'hiver, l'autre l'été, et M. le curé, de son côté, envoyant à l'artiste une belle dinde, truffée à grands frais, selon du reste son usage que nous rencontrerons plus loin.

Enfin le travail des quatorze stations fut terminé vers la fin de 1855 et s'éleva au prix de quatorze cents francs. La bénédiction de ce *via crucis* fut faite le 13 janvier 1856. La cérémonie très solennelle dura *deux heures, de 7 heures du soir à 9 heures,* dit le procès-verbal, *en présence de quatre missionnaires diocésains, de plusieurs prêtres des environs et d'une foule immense accourue de la paroisse et des paroisses voisines ;* elle fut enfin *rehaussée par l'éclat de mille bougies disséminées symétriquement dans toute l'église.*

III

UNE MISSION DONNÉE A NEUVIC EN 1852

Durant son long passage à Neuvic, M. Hivert fit donner un grand nombre de missions ou retraites. Il avait une grande prédilection pour ce point de l'apostolat pastoral ; et il ne négligeait rien pour en assurer le succès et les fruits ; il n'oubliait pas surtout de s'effacer lui-même totalement pendant les jours de ces exercices, laissant à ses coopérateurs du moment pleine et entière liberté d'action. En 1852 il fit donner une mission qui dut éclipser toutes les autres passées ou futures ; mission colossale, tant il y prodigua de frais en tout genre, comme il se plaisait à nous le raconter. Il eut pour cette œuvre de régénération paroissiale trois missionnaires diocésains et à leur tête M. René Bernaret, supérieur de la Mission. Il les garda trente jours consécutifs, un mois entier. Non seulement Neuvic, mais tout le pays d'alentour, attiré par la grandeur de l'entreprise assez insolite, fut évangélisé totalement. Evènement paroissial, plus encore cantonal, pour ainsi dire, qui secoua, ébranla et ramena tant et tant d'âmes vers la religion et vers Dieu.

Le jour très solennel de la clôture, le pasteur plus qu'heureux du résultat, heureux jusqu'à en « mourir de joie », adressa au Supérieur et à ses coopérateurs un discours tout vibrant d'une émotion légitime certes et toute naturelle ; j'en reproduit quelques passages :

« Monsieur le Supérieur,

« Ma part était déjà bien belle, et vous l'avez faite plus « belle encore. C'est à mourir de joie et de bonheur « en voyant toutes les merveilles que vous avez opérées « pendant ces jours de retraite. . . . .

. . . .

« Dieu qui mesure le vent à la laine des agneaux, vous
« a comblé de tous les dons qui font le missionnaire
« accompli : Santé, éloquence populaire, instruction, foi
« vive, zèle ardent, sainte ambition pour le salut des âmes,
« désir immense pour la gloire de Dieu, vous avez tout.
« Et, Monsieur le Supérieur, lorsque vous parlez piété,
« on peut dire de vous, comme de la Sagesse, que votre
« conversation est sans amertume, et que l'ennui ne
« l'accompagne jamais.

« Et vous, ses chers et dignes coopérateurs, vous, mes
« bien aimés confrères, vous jouissez aussi au fond de
« votre cœur des magnifiques succès que le Seigneur
« a opérés par votre ministère. A nous maintenant de
« mettre à profit le bien que vous nous avez fait. Nous ne
« sommes pas encore au ciel, mais nous voulons y aller ;
« on pourra bien par ci, par là, recevoir quelque bles-
« sure, éprouver quelque défaite, mais nous nous relève-
« rons bien vite, et, dans cette guerre sainte, la noble
« cicatrice même que nous recevrons témoignera de
« notre intrépidité et de notre courage..... Ce que vous
« avez fait pour nous, nous ne pourrons jamais vous le
« rendre, mais Dieu se chargera de notre dette de recon-
« naissance. Nos vœux, nos prières et notre amour vous
« accompagneront partout, avec le désir que vos paroles,
« vos vertus et votre zèle opèrent ailleurs, comme ici,
« des miracles de sanctification. »

« Et vous, mes si chers et si bien aimés paroissiens,
« recevez mes remercîments. Je n'avais jamais douté un
» instant de votre bon cœur. J'ai la preuve certaine que
« nous nous comprenons. C'est un singulier bonheur pour
« un prêtre d'avoir à conduire un si grand nombre
« d'âmes d'élite. C'est un plaisir de voir cette noble et
« sainte émulation pour savoir qui, dans le ciel, aura la
« plus belle couronne. C'est à ravir d'entendre les hom-
« mes, les jeunes gens, les femmes et les filles, chaque

« fois que la piété les appelle, répondre d'une voix
« unanime : *Nous voici* ! »

Le dimanche, 30 janvier, qui suivit la clôture de cette
merveilleuse mission, le bon pasteur, encore tout débordant de joie, adressa de nouvelles félicitations à ses
paroissiens.

Il leur dit : « Je crois que nous pouvons nous rendre le
« témoignage que notre mission a été merveilleusement
« belle. Vous connaissant comme je vous connais, j'étais
« sûr d'avance que vous répondriez en masse à l'invitation
« qui vous était faite. Je vous savais tous par cœur ;
« depuis que nous vivons ensemble, nous avons appris à
« nous connaître ; ce n'est pas d'aujourd'hui que je suis
« fixé sur votre foi et votre bon cœur ; je n'avais pas
« besoin de la mission pour montrer à tous que chez vous
« la religion occupait la première place et que vous
« pouviez avantageusement soutenir le parallèle avec les
« paroisses les plus favorisées sous le rapport de la
« piété..... Aussi de toutes les missions qui ont été faites,
« aucune n'a laissé au cœur de plus délicieux souvenir
« que cette dernière..... Et puisque vous avez tous assez
« d'esprit pour me comprendre, je veux le dire : tous nos
« missionnaires sont partis avec une pensée de jalousie et
« d'envie contre moi. Ils auraient voulu être à ma place
« tant ils m'estiment heureux d'avoir à conduire une
« population aussi bonne, aussi religieuse, aussi intéres-
« sante que vous l'êtes. Et c'est le plus bel éloge que l'on
« puisse faire de vous..... »

Donc cette mission de 1852 fut un événement ; elle le
fut aussi quant aux résultats. Pour les mieux constater,
il nous suffira de lire une lettre adressée à M. le curé de
Neuvic par M. le comte de Mellet, en ce temps-là à Paris
et qui avait reçu l'écho de ces fêtes par sa sœur, la *sainte*
du château de Neuvic ; lettre d'ailleurs admirable de
sentiments religieux.

Paris, 3 février 1852.

« Monsieur le Curé,

« Je veux vous donner une marque de souvenir et vous
« offrir mon compliment sincère et cordial au sujet de la
« mission que votre zèle vient d'appeler à Neuvic. Ma
« sœur m'en a mandé tous les détails et ne m'a épargné
« ni la suite si édifiante des cérémonies ni surtout les con-
« solations et les conversions nombreuses qui sont venues
« réjouir votre cœur et encourager vos chers collabo-
« rateurs dans la poursuite de leur carrière ; jouissez bien
« de tout cela, mon cher monsieur le curé ; car c'est bien
« là votre ouvrage ; vous défrichez depuis vingt ans ce
« champ de votre paroisse sans y épargner ni peines, ni
« exhortations, ni dépenses. La nouvelle régénération
« que la mission a produite va faire beaucoup de bien
« dans le pays, en même temps qu'elle réunisse plus
« complètement vos ouailles sous votre main.

« Adieu, mon cher monsieur le curé, etc...

« Comte DE MELLET. »

IV

VISITES PASTORALES A NEUVIC

Pendant son ministère à Neuvic, M. le curé Hivert eut
plusieurs fois l'honneur de recevoir la visite de son
évêque. En 1837, au mois de juillet, Mgr Gousset faisait
sa visite pastorale à cette paroisse. Le jeune curé com-
posa son compliment au Pontife, le 12 de ce mois, dans la
sainte chapelle de la Bonne Vierge. C'est un modèle
d'élégante simplicité et aussi de concision substantielle,
renfermant en quelques lignes tout ce qu'il avait à dire en
cette circonstance.

Plus tard, M. Hivert reçut plusieurs visites de Mgr Da-

bert, dont le pontificat se prolonge encore aujourd'hui
merveilleusement. Dans l'une des visites de ce vénérable
doyen des évêques de France, M. Hivert, lui adresse un
discours, où, après avoir rendu compte des pratiques
religieuses de ses paroissiens, il ajoute :

« Il me semble, Monseigneur, que s'ils avaient eu le
« bonheur d'avoir un curé plus doux, plus aimable, et qui
« eut eu plus d'éducation, c'est-à-dire de savoir-vivre, en
« un mot, tout ce qui me manque, il y a déjà longtemps
« qu'ils seraient des modèles de piété..... Je me résume,
« Monseigneur, et passez-moi un souvenir théologique.
« Nous avons du bien, immensément de bien parmi nous.
« Mais c'est le fruit de l'*Opere Operato* des sacrements.
« L'*Opere Operantis* y a été pour bien peu de chose. Je
« n'en dis pas davantage. Maintenant curé et paroissiens,
« vous nous savez par cœur. »

M. HIVERT DÉMISSIONNAIRE DE NEUVIC

Depuis déjà trente-deux ans, l'abbé Hivert dirigeait
la vaste et intéressante paroisse de Neuvic. Il avait atteint
l'âge de soixante-deux ans ; mais ses forces étaient encore
bien conservées et il pouvait certes suffire aux besoins
de cette population. Néanmoins, arrivé à ce point de sa
carrière, il redoute qu'avant peu de temps ses forces
venant à diminuer, il ne soit plus assez valide pour continuer convenablement un ministère si laborieux. Un aide,
un vicaire lui deviendra nécessaire. Or, il ne se fait pas
illusion ; il sait, il voit d'un coup d'œil qu'avec son caractère, ses goûts et ses habitudes, la vie commune sera bien
difficile, impossible peut-être avec un auxiliaire ; il comprend les difficultés, les complications qui peuvent naître
d'une pareille situation. Et alors il conçoit et nourrit
l'idée de quitter son cher Neuvic, de laisser le champ
libre à un successeur, à une main plus jeune et plus

robuste. Il se dit résolument : oui, je vais quitter ma trop grande paroisse et me retirer dans un petit poste dont le service me sera facile, et où je pourrais passer tranquillement le reste de mes jours, en me préparant à mon éternité.

Pendant près de deux ans, il mûrit son projet, savonsnous par la lettre d'un ami. Et enfin en 1867, il donne à son évêque sa démission de curé de Neuvic. Il choisit la petite paroisse de Badefols de Cadouin, que, obtempérant à ses désirs, Monseigneur lui accorde bien volontiers. En se décidant à une telle mesure, M. Hivert donnait un grand exemple d'humilité et de bien d'autres vertus. Il en fut loué par plusieurs de ses confrères et amis, dont nous avons les lettres. Seuls, ses bons paroissiens de Neuvic, tout en admirant cet acte d'héroïsme, ne pouvaient lui pardonner ce qu'ils appelaient *une fuite*, n'en comprenant pas, comme nous, prêtres, toute la haute portée.

Dieu sait combien M. Hivert avait aimé sa paroisse ! En la quittant ainsi, spontanément, il lui laissa son cœur, une partie du moins, devant en garder l'autre moitié pour sa nouvelle épouse. Mais son affection ne le ramènera jamais à Neuvic. Il avait fait comme un vœu de ne plus jamais y remettre les pieds. Esprit ferme, décidé, caractère résolu et déterminé, il tiendra sa promesse. Neuvic ne l'a pas revu !

V

M. HIVERT PREMIER CURÉ DE BADEFOLS

Voulant, pour les raisons que nous avons indiquées précédemment, quitter le poste de Neuvic, M. Hivert choisit donc et obtint la petite paroisse de Badefols. Il ne sera pas ici hors de propos de donner quelques raisons de cette préférence. En premier lieu, Badefols n'est qu'à deux pas de Cadouin, dont le doyen était alors M. Dunap, vieil ami de l'abbé Hivert, et ancien curé de Sourzac, sa paroisse natale. De plus, ayant *incognito* visité Badefols, il en trouva le presbytère à sa convenance, baigné par la rivière qui parfois en fait une presqu'île dans les grandes inondations. Ce qui charma ses goûts originaux, c'est ce balcon qui s'ouvre dans la salle à manger et domine la Dordogne, et d'où il pourra facilement se livrer à la pêche, son passe-temps favori, comme il en donnera plus tard des preuves marquantes, en faisant une guerre implacable aux poissons dans ses moments de loisir. Enfin autre attrait qui l'appelle dans cette paroisse : il en sera le premier curé ; ce côté s'harmonise avec ses goûts pour le nouveau, l'étrange ou l'insolite : être le premier curé de Badefols, et le premier, habiter son presbytère de récente acquisition séduisit son imagination vive et primesautière. C'est là que j'irai, se dit-il, et il y vint en effet.

A l'occasion de ce premier titulaire résidant, qu'on me permette une petite digression préliminaire qui, au point de vue historique, n'est nullement dépourvue d'intérêt:

Avant l'an 1714, le bourg de Badefols n'avait jamais eu d'église ; il relevait de la paroisse de Saint-Vincent, dont l'église était située à deux kilomètres au-delà, dans la garenne de M. de Biron, non loin du château aujourd'hui en ruines : *Parochia de Saint-Vincent de Pontos*, nous apprend M. de Gourgues (archives de Cadouin). Le titre de cette paroisse, dit le même savant antiquaire, fut réuni à l'église de Pontours, et depuis lors, c'est-à-dire, de temps immémorial, elle n'a jamais eu de curé. Annexe de Pontours, qui était *la matrice*, dit M. Simon, curé de Pontours, elle fut toujours desservie par les curés de celle-ci « qui y allaient dire la messe de trois en trois semaines ». Trouvant ce service pénible et « onéreux », M. d'Hélias, curé de Pontours, fit en 1714, transporter dans le bourg de Badefols l'église de Saint-Vincent « qui tombait en ruine ». Le cimetière suivit l'église. Mais privée de presbytère, la nouvelle église continua à relever de Pontours et de ses curés jusqu'en 1789 (1).

A l'époque du Concordat, Pontours et Badefols furent réunis en une seule paroisse formée de deux communes, toujours desservies par le même curé qui, depuis lors, eut le titre légal de curé de Badefols, avec résidence à Pontours, puisque Badefols n'avait pas de presbytère.

Mais entre temps, Pontours avait fait déjà depuis quelques années plusieurs démarches pour obtenir son érection en succursale. En 1862, la demande en ce sens, partie de l'Evêché sous les auspices très bienveillants de M. de Saint-Exupéry, vicaire-général, appuyée par M. de Belleyme, député, sur la recommandation de M. le docteur

---

Laval-Dubousquet, conseiller-général de Cadouin, fut favorablement accueillie, et le décret d'érection fut signé par l'Empereur, le 15 août 1862. C'est ainsi que Pontours fut distrait de Badefols, sa vieille sœur. Deux frères ou sœurs sont-ils liés ensemble, comme des époux, par des liens indissolubles ? Pontours a rompu, selon son droit, le pacte temporaire qui les unissait, et par le fait de cette séparation, en se dégageant lui-même pour être indépendant et libre, il a rendu à Badefols un immense service.

Et en effet, ce changement un peu radical éveilla l'attention de la sœur divorcée. De crainte de tomber à la merci des curés de Pontours, les habitants de Badefols se mirent à l'œuvre pour se donner un presbytère et pouvoir ainsi obtenir un curé résidant. Leurs efforts furent bientôt couronnés de succès, et en 1866, M. Pourquery de Boisserin, depuis peu maire de la commune, fît l'acquisition d'une belle maison avantageusement située dans le bourg. Elle avait été jadis construite par les de Gontaut-Biron, châtelains de Badefols, pour y loger les fermiers du port, alors très important et très fréquenté par des commerçants qui descendaient des contrées de l'Auvergne, d'Argentan surtout, montés sur leurs bateaux se dirigeant vers Libourne et Bordeaux. Assise sur la rivière d'où la vue embrasse un coup d'œil ravissant, pourvue de jolies caves voûtées en pierre et d'une source d'eau excellente qui alimente un réservoir à poissons, cette demeure réunissait une foule de commodités et d'agréments propres à en faire l'un des plus beaux presbytères du diocèse.

On comprend maintenant les raisons qui séduisirent M. Hivert et le déterminèrent à donner ses préférences à cette petite paroisse. Ce choix d'un doyen démissionnaire devait certes grandement flatter ses habitants ; il la mettait en vue, la sortait de l'obscurité et lui donnait un relief et un éclat inconnus jusque là. Depuis lors, en effet, quand on parlait du curé de Badefols, « c'est un ancien curé de canton ! » disait-on. Et quand il était question de M. Hivert, « c'est le curé de Badefols », pensait-on aussitôt.

Donc premier curé de Badefols, ancien curé-doyen, homme de valeur réelle, M. Hivert en venant dans cette paroisse, allait l'illustrer pour ainsi dire. Les habitants pouvaient déjà, sans même l'avoir vu à l'œuvre, être tout fiers de cette distinction qui les honorait. Aussi lui firent-ils un accueil enthousiaste.

Il arriva dans les premiers jours de mai 1867 ; le dimanche d'après, il s'installa lui-même, et adressa à ses nouveaux paroissiens tous réunis dans leur église le bref et simple discours que je vais reproduire :

« Je suis arrivé parmi vous avec la bonne volonté
« de contribuer de mon mieux à la sanctification de vos
« âmes. J'ai moi-même demandé à Monseigneur la paroisse
« de Badefols que Sa Grandeur m'a accordée. J'ai tout lieu
« de penser que nous ferons ensemble bon ménage. Au
« nom de la religion et en mon nom propre, je vous
« remercie des sacrifices que vous vous êtes imposés.
« Vous savez tous la part qui en revient à M. le Maire et
« comme il a su aplanir les obstacles et simplifier les for-
« malités pour le presbytère. Que le Bon Dieu l'en
« récompense !

« Par goût et par caractère je ne suis pas exigeant. J'ai
« la ferme confiance que je continuerai d'être très heu-
« reux parmi vous et que les uns et les autres nous nous
« comprendrons à merveille. Et mon bonheur sera parfait
« si vous êtes aussi contents de m'avoir pour curé que je
« suis content de vous avoir pour paroissiens. J'ai entendu
« dire tant de bien de vous qu'il me semble que déjà
« je vous sais par cœur. »

Entré dans la paroisse de son choix, l'abbé Hivert se

mit à l'œuvre pour travailler à la sanctification de son petit troupeau. Il y mit tout ce qu'il avait encore de forces et de zèle, et ses efforts trouvèrent une correspondance très consolante dans presque tous les cœurs. Le terrain d'ailleurs, loin d'avoir été négligé, avait été remué, travaillé et fécondé par M. René Bernaret, supérieur des missionnaires diocésains, aidé de son distingué collaborateur, M. l'abbé Magueur qui, simultanément y donnèrent une mission de quinze jours dont les résultats furent merveilleux. Cette première mission donnée en septembre 1865 fut bientôt, en novembre 1866, suivie d'une seconde, prêchée par le R. P. Sigismond, capucin, avec des résultats non moins consolants.

La vie pastorale, le ministère de l'abbé Hivert à Badefols, n'a été marqué d'aucune œuvre d'éclat. Il a fait du moins pour l'église matérielle et pour le temple spirituel tout ce qui était possible et ce que comportaient les circonstances de lieu, de temps et de ressources. Disons, pour être juste et complet, que ses prédications le rendirent bien vite populaire et lui firent un certain renom : genre tout nouveau et original qui plut et attira ; attrait de la nouveauté sans doute, mais plus encore, attrait de ce genre inconnu quant à l'expression et au débit. N'insistons pas sur ce point ; nous y reviendrons dans un chapitre à part.

Il y avait déjà six ans que l'abbé Hivert dirigeait la paroisse de Badefols, lorsque, en 1873, il reçut la visite de Mgr Dabert. A cette occasion, et pour préparer la confirmation, il appela M. l'abbé Sagette, curé de la Madeleine. Qu'il nous soit permis de le rappeler ici, c'est là, à Badefols, la veille de la fête, vers la fin du repas du soir, que Mgr l'évêque, voulant honorer les vertus et les talents de M. Sagette et aussi récompenser ses mérites et ses travaux littéraires, lui remit les lettres de chanoine honoraire. Distinction bien méritée à laquelle nous applaudîmes de grand cœur, nous et les confrères présents, comme auraient applaudi tous les absents.

Depuis son arrivée, le curé de Badefols avait eu le temps et les occasions de connaître sa paroisse. Dans son allocution à Monseigneur, il s'appliqua à en exposer l'état et la valeur, et voici dans quels termes typiques il en rendit compte et témoignage public :

« Les hommes et les jeunes gens, en grande majorité,
« font leurs Pâques et leur Noël. Nous avons quelques
« hommes qui ne fréquentent pas les sacrements ; mais
« ils sont bien peu nombreux. Il y a plus de trois mille
« ans, qu'au dire des voyageurs, les Chinois cherchent le
« moyen de faire un tableau sans ombre, et ils n'ont pas
« pu y réussir ; et de même il n'y a guère de paroisse,
« même des meilleures, où il n'y ait pas un peu d'ivraie au
« milieu du bon grain.

« La conduite religieuse des femmes et des filles mérite
« des éloges ; aussi, malgré les mauvais jours que nous
« traversons, la religion pratique est encore en honneur
« parmi nous ; ce serait la perfection, si au lieu de la reli-
« gion pratique, je pouvais dire : *la piété*, cette fine fleur
« de la religion. Et qui sait si les grâces que vous allez
« faire descendre sur nous ne nous procureront pas cette
« consolation ? Toujours est-il que la paroisse de Badefols
« est une excellente paroisse, et tous les jours je remercie
« le bon Dieu de ce que vous me l'avez confiée. »

C'est dans ce discours que se trouve le fameux passage qui nous a fait connaître les espérances et les craintes qu'inspirait notre héros dans son enfance. Je ne fais que le rappeler, sans le reproduire, puisqu'il a eu sa place ailleurs, c'est-à-dire, au chapitre premier.

Quand M. Hivert recevait la visite de son Evêque, c'était pour lui, comme pour nous, une véritable fête, une grande fête : celle du fils qui reçoit son père, du disciple qui reçoit son maître, du serviteur honoré de la présence de son Seigneur, du prêtre enfin qui voit descendre vers son humble demeure le représentant immédiat du Souverain Maître et Seigneur. Aussi rien n'était-il négligé pour relever, rehausser et solenniser cette douce et honorable réception. Le presbytère prenait un renouveau presque enchanteur ; il subissait dans une toilette sans luxe, sans recherche, une transformation convenable. Le pauvre mobilier s'enrichissait de pièces d'emprunt pour la circonstance, plus élégantes, plus confortables. Les prêtres voisins étaient mis à contribution, et s'y prêtaient de grand cœur. Qui offrait un lit, qui une table, qui un fauteuil, un prie-Dieu, etc.

Le clou de la fête était un feu de joie, dont l'usage antique, patriarchal et évangélique était renouvelé alors. Le bon rire des spectateurs s'accroissait, redoublait, quintuplait, pour ne pas dire se centuplait, à cet *embrasement* : ils assistaient, à la *combustion*..... *d'un chapeau*, d'un vieux chapeau, s'entend, préparé de longue main, réservé pour cette fête, et orné ou enrichi de toutes les substances graisseuses, huileuses propres à donner des flammes aux couleurs variées les plus belles et les plus vives. Matière et aliment de ce feu de joie, le vieux chapeau, fatalement voué aux flammes, se consumait comme un vrai feu d'artifice qui terminait joyeusement et couronnait la réunion fraternelle.

On assure que M. Hivert a maintes fois donné ce curieux et insolite spectacle à Monseigneur entouré de prêtres. Quant à moi, j'en ai été l'heureux témoin une fois, à Badefols même, je puis l'attester. Et j'avouerai même, que, au milieu des bons, mais modestes et réservés éclats de joie et de rire, parfois ma pensée se teintait tant soit peu de mélancolie, et en voyant la beauté des flammes dont les couleurs s'entre-croisaient, s'entrelaçaient dans une étreinte rapide et passagère, je me prenais à soupirer vers la lumière autrement éclatante et indéfectible qui, un jour, ceindra le front des élus, *fulgebunt justi*, dans des rayonnements de paix, de joie, d'amour et délices sans fin.

Du ministère de trente-deux ans de M. Hivert à Badefols, je ne connais plus rien de saillant à signaler. Laissons-le donc dans la solitude qu'il s'est choisie, en attendant de l'y rejoindre à la fin de sa vie et d'assister à ses derniers instants.

VI

M. HIVERT ET LA PRÉDICATION

En abordant ce sujet, je sens de plus en plus mon impuissance, celle d'un pygmée s'en prenant à un géant. Apprécier l'abbé Hivert comme prédicateur, le montrer dans sa réalité sous ce rapport, dans toute sa valeur et aussi dans toute son originalité qui perce ici sinon plus, du moins autant qu'ailleurs, tâche difficile pour laquelle j'ai recours, plus que jamais, au trésor d'indulgences que je sais remplir le cœur du bienveillant lecteur.

Si je passe plus rapidement dans cette étude sur le genre de la prédication de notre héros, on me le pardonnera : outre les raisons que je vais en donner, tout à l'heure, je dois penser aussi que j'ai fait pause assez longue à certains endroits de notre route, où nous avons contemplé à loisir, plusieurs panoramas vraiment propres à ravir l'admiration et dignes d'une station plus longue.

Or, j'ai retrouvé les prônes, les instructions et sermons de M. Hiver ; ils se comptent par centaines. Songez donc ! Il les a écrits tous, depuis le début de son ministère jusqu'à la fin, durant soixante-dix ans. Oui, il les écrivait tous, les apprenait par cœur et les débitait mot à mot d'un bout à l'autre, sans que néanmoins son débit eût rien du récitatif écolier. Qui lui en ferait un grief ?

En restant fidèle à cette pratique louable et salutaire, il savait toujours ce qu'il allait dire, ce qu'il voulait dire, et ce qu'il avait dit, et en outre comment et pourquoi il l'avait dit. Aussi rien d'imprévu dans ses expressions, rien de risqué, de hasardé ne lui échappait qu'il eût pu regretter ensuite.

Quand, prédicateur, il voulait composer une instruction, il se retirait dans la chapelle de la Sainte-Vierge où il avait une table, avec les *ustensiles* nécessaires, et là, après avoir bien prié et médité profondément son sujet, il l'écrivait en présence du Tabernacle et sous le regard de Marie. Respect de la parole de Dieu, et en même temps moyen infaillible d'en assurer le succès. Ce détail nous est confirmé indirectement par le compositeur lui-même ; car il a daté un grand nombre de ses instructions par la mention suivante qui les termine : *Neuvic, sainte chapelle de la bonne Vierge Marie, ma tendre Mère, le 29 janvier 1836, à 9 heures du soir.* Tout comme le Pape date ses encycliques du Vatican et l'Evêque ses mandements de son palais épiscopal.

Il serait curieux, plus profitable encore de parcourir tous ces discours, de les étudier, d'en faire des analyses, ou du moins d'en relever les passages les plus saillants. Mais ce travail de longue haleine nous conduirait trop loin et hors des limites imposées par le titre même de cette brochure, dont la publication d'ailleurs est déjà trop en retard. Il est possible aussi que ces sermons soient dignes d'être mis au jour. Mais les frais d'une telle œuvre exigeraient des ressources considérables qu'il serait impossible ou du moins très difficile de réaliser. En attendant, force est pour le moment de me borner à indiquer, à décrire, à exposer simplement le caractère, le genre, la structure des prédications de l'abbé Hivert. Pour mon compte, si j'étais jeune, et qu'on m'en fît l'offre, je n'hésiterais pas en faire l'acquisition.

Il disait de la prédication : « Quand on veut, quand on
« doit prêcher, l'important, l'essentiel, ce qui suffit, c'est
« de trouver le mot, le mot nécessaire, le mot qu'il
« faut ! » Précepte qui n'est pas toujours facile à suivre,
souvent au contraire très difficile. Lui savait plus que le
prôner; il l'appliquait fort bien, joignant ainsi l'exemple
à la règle qu'il recommandait fort ; il était rare, presque
inouï qu'il n'y eût pas dans son discours le mot *décisif*,
après lequel l'auditeur, même hostile, s'écriait terrassé et
vaincu : « *C'est bien vrai ! C'est cela !* »

DEUX ÉPOQUES ORATOIRES DANS LA VIE
DE M. HIVERT

La vie de l'abbé Hivert, sous le rapport de la prédication,
peut se diviser en deux époques. La première époque,
de jeunesse sacerdotale, va de 1829 vers 1850 ; la deuxième
de 1850 environ à 1867, année de son départ de
Neuvic ; elle comprend aussi la durée de son ministère à
Badefols ; là, en effet, il a donné les instructions com-
posées pour Neuvic, sauf quelques exceptions, et à part
certaines modifications nécessitées par les changements
de lieu, de temps, d'auditoire, etc.

Toutes les instructions de l'une et de l'autre époque
sont écrites de sa main, signées de son nom, portent la
date et indiquent le lieu de leur composition et aussi
l'église où elles ont été prononcées.

Grande est la différence de genre entre les instructions
de chacune de ces deux périodes. En voici les principaux
traits distinctifs.

PREMIÈRE PÉRIODE. — Au début de son ministère, jeune
et plein d'ardeur, mais sans expérience, comme tous les
jeunes, il vit un peu d'illusions. Comptant sur la grâce de
Dieu pour bénir les élans de son cœur et les efforts de

son zèle, il marche avec confiance, il va droit aux cœurs
et aux âmes ; peut-être le succès lui paraît aussi facile que
sont grands ses désirs. Aussi jette-t-il dans ses divers écrits
oratoires toute son âme sacerdotale, tout son cœur d'apôtre, toute la flamme de sa jeunesse. Ils portent le
cachet de la plus tendre piété, surtout quand il parle de
la sainte Vierge, à laquelle d'ailleurs il donne, dans tous,
au moins un petit souvenir. Plein de charité pour les
égarés, de compassion pour les pécheurs, il a pour eux,
contre eux, dirai-je, des exhortations touchantes, vives,
pressantes et pénétrantes. On dirait les accents d'une
mère.

Autre caractère. Ces sermons sont généralement com-
posés d'après les règles de l'éloquence sacrée. Ils ont un
exorde, presque toujours un peu long, rarement brusque,
assez souvent insinuant, quelque fois tendre et touchant.
Le prédicateur y annonce son sujet, puis les divisions
qu'il développe longuement ; enfin arrive la péroraison
qui est ordinairement assez étendue, mais pressante et
parfois pathétique.

Ces sermons sont également soignés pour le fond et
la forme, comme nous le dirons plus au long dans un
instant.

Quant à la forme extérieure des cahiers, elle est
loin d'être négligée ; un certain nombre ont leurs
feuilles attachées par un ruban de soie qui fut joli, brillant dans sa jeunesse : marque, ce me semble, et preuve
évidente du goût, du soin, de l'application que l'auteur
portait à ce travail ; ce que je conclus également de la
formule qui termine presque toutes les instructions de
cette période : « *Chapelle de la sainte Vierge, ma bonne
et tendre mère.* »

Deuxième période. — Plus tard, vers 1848, 1850, l'abbé
Hivert a fait l'expérience du cœur humain ! Ses illusions se sont évanouies. Il voit, il comprend que l'homme

ne se laisse pas toujours prendre aux arguments du
cœur ; le sentiment souvent est impuissant à éclairer
l'esprit et entraîner la volonté. Aussi modifie-t-il un peu
sa tactique. Le format lui-même du papier, l'écriture, et
autres signes indiquent ce changement : grand format,
beau papier, écriture moins minuscule et plus allongée ;
les cahiers ne portent plus de rubans, pour en relier les
feuillets ; et aussi a disparu la formule touchante de la
fin : *Sainte Chapelle*, etc.

Cependant, hâtons-nous de le dire, c'est encore l'âme
de l'apôtre qui écrit ou qui parle. Mais le nouveau genre
est devenu plus sec, il a moins d'abandon, moins d'élans
du cœur ; on y trouve néanmoins de fréquentes apostrophes très pressantes et très directes aux pécheurs, aux
indifférents, à la jeunesse. Mais c'est la raison qui domine,
et c'est d'elle qu'il se sert pour attaquer, combattre et
vaincre son adversaire. Pour appuyer sa thèse ou sa proposition, il s'adresse de préférence au bon sens des auditeurs, et certes il est fort habile à manier cette arme.

Ordinairement l'exorde de ces sermons est court ; l'orateur commence presque *ex abrupto*, brusquement, ou par
un trait original propre à attirer l'attention de l'auditoire.
On y trouve rarement un plan et des divisions énoncés,
ce qui en rend parfois l'analyse difficile. Il ne dédaigne
pas, au besoin, d'employer la forme insinuante, en adressant quelque compliment ou des félicitations à ceux dont
il veut gagner la bienveillance ; et pour cela, il sait user
de tournures à lui propres, originales, tantôt spirituelles,
tantôt d'une simplicité naïve mais agréable.

En outre, prolixe dans les sermons du premier âge,
notre orateur est devenu plus bref. Il s'était promis, lors
de son entrée dans le sacerdoce, d'être court, (et *bon* aussi
sans doute), mais peu fidèle, dans les débuts, à cette
résolution, il se ravisa, éclairé par l'expérience, persuadé
d'ailleurs de la vérité de cette parole de Saint François de

Sales : « plus vous direz et moins on retiendra ; moins
« vous direz, plus on profitera ; à force de charger la
« mémoire des auditeurs, on la démolit, comme on éteint
« les lampes, en y mettant trop d'huile. » Depuis, il
s'attacha fortement à la brièveté, comme il nous l'apprend
lui-même dans deux discours, dont j'extrais deux passages : « Quand j'ai été fait prêtre, dit-il, je me suis promis
« que lorsque je serais obligé de parler au public, si je
« devais ennuyer, je n'ennuierai pas longtemps ; je sais
« que si tout le monde ne peut pas être *court* et *bon*, tout
« le monde peut être court. » (Discours aux enfants
de l'école). Et dans une allocution après Pâques, il s'exprime ainsi : « Une des choses que je redoute le plus,
« quand je suis obligé de parler, ce n'est pas de vous
« ennuyer, mais de vous ennuyer longtemps ; j'ai entendu
« dire si souvent, en parlant de certains prêtres : *lorsqu'ils*
« *sont en chaire, ils ne peuvent jamais en descendre, ils ne*
« *finissent jamais,* que j'ai toujours peur d'être trop long
« dans mes instructions. Aussi je suppose toujours que je
« parle à des paroissiens qui comprennent à demi-mot, et
« je m'efforce de raccourcir et d'abréger le plus possible. »

FOND ET FORME

L'abbé Hivert est bien *lui*, toujours *lui*, et là encore
plus peut-être que partout ailleurs. Le fond lui appartient ;
jamais il n'aurait voulu, simple plagiaire, « ne penser
que par autrui et avec autrui ». A quoi bon ? Il se suffit à
lui-même ; il donne de son propre fond, ou du moins il
donne ce dont il s'est rempli dans les longues méditations
auprès du Maître et de sa divine Mère qu'il veut faire
aimer. Voilà pourquoi il est toujours typique et par conséquent difficilement imitable.

Quant aux sujets qu'il traite, l'orateur tourne presque

toujours autour de la question du salut, de son importance et sa nécessité. Il attaque souvent l'indifférence et l'aveuglement de ceux qui n'y pensent pas. — Il expose aussi très fréquemment la beauté de la religion, sa nécessité, son utilité, ses consolations, les biens qu'elle procure ici-bas, les difficultés et aussi les facilités que nous avons pour la pratiquer. — Presque dans tous ses sermons, il fait arriver la question du péché et il le poursuit dans le cœur du pécheur, en le pressant de se mettre en règle : c'est son *delenda est carthago* ; et il tonne parfois contre ceux qui s'obstinent à croupir dans cet état sans profit et plein de dangers. — D'autres fois il propose la vertu et en montre la beauté, la facilité, la récompense, et il démontre qu'il est moins pénible de se sauver que de se damner. — Il faut signaler enfin de nombreux discours en l'honneur de la Sainte-Vierge. Certainement ce sont les plus beaux ; il y épanche toute son âme d'enfant de Marie, à laquelle il ne peut témoigner assez de tendresse et de confiance.

Quant au style, il se ressent en général de ses auteurs favoris, de Bossuet surtout qu'il a beaucoup pratiqué. Les phrases sont courtes, claires, limpides, sans emphase, peu enchevêtrées de périodes ronflantes, à effets prétentieux. C'est la littérature du grand siècle ; elle a peu fusionné avec le genre contemporain, bien que l'abbé Hivert fut cependant très au courant des productions de la littérature moderne. Il fait usage de comparaisons topiques, d'images frappantes, d'expressions piquantes et de traits qui, soudain comme un astre lumineux, éclatant et éclairant l'horizon, tombaient dans l'esprit de l'auditeur en gerbes de lumière, dont la splendeur rayonnante se traduisait en petits sourires d'approbation, courant dans tout l'auditoire comme un fluide électrique ou bien comme des étincelles au milieu des roseaux.

LE DÉBIT

Le débit de notre orateur était nerveux, accentué, le ton décidé et décisif, la voix vibrante. De temps à autre il martelait l'apostrophe : *Mes Frères*, comme pour appeler l'attention sur ce qui allait suivre, et en même temps il étendait le bras pour le mettre en harmonie avec la voix, et alors, comme s'il avait tenu une massue, il frappait d'estoc et de taille, de la voix et du geste, l'adversaire déjà ébranlé. Et puis pour achever de le saisir, de le charmer peut-être, mais aussi de l'*empoigner*, il lançait des séries tantôt de verbes, tantôt d'épithètes qui se succédaient comme les flots succèdent aux flots, tombant ici en une pluie fine qui pénètre doucement, et là, en un torrent qui lave et entraîne toute scorie. C'était merveille parfois de les surprendre (ces verbes et ces épithètes) se précipiter sur ses lèvres, drues, serrées, pénétrantes comme un feu de peloton. L'adversaire ou l'auditeur touché en plein ne respirait plus d'admiration ; il était vaincu !

De l'abbé Hivert, prédicateur, on peut dire comme du P. Eymard du Saint-Sacrement : « Quand il prêchait, il « avait presque le ton et les formes d'un capitaine qui « harangue ses troupes, employant des expressions « piquantes qui ciselaient, qui burinaient sa pensée dans « les âmes et l'y gravaient profondément. »

CONCLUSIONS ET PÉRORAISON

Arrivé au terme de son sujet, l'abbé Hivert en tire les conclusions ; elles se confondent souvent avec la péroraison. Dans la première période de sa vie, celle-ci est longue, chaude et pathétique. Plus tard il prend un autre genre, ainsi que nous l'avons remarqué plus

.haut. Il insiste sur les conclusions et n'a pour ainsi dire qu'une péroraison brève, et finissant parfois brusquement. Dans la plupart de ses instructions, il conclut, en général, sur la pratique de la religion, et, en spécifiant, sur la confession et la communion. Il en montre l'obligation, en deux mots, d'une manière serrée et pressante, tellement que l'auditeur ne trouve plus aucune issue pour se dérober au coup qui l'étreint.

Toujours en venir à cette conclusion : la confession et la communion, était un plan que s'était fait et imposé notre orateur, et c'est lui-même qui nous l'apprend dans une instruction du vingt-trois décembre 1847.

« Dans presque toutes les instructions que nous vous
« adressons, nous faisons arriver la confession et la com-
« munion ; c'est que, voyez-vous, c'est par là qu'il faut
« toujours conclure. Sans la confession et la communion,
« il n'y a plus de vie chrétienne, plus d'état de grâce,
« plus de communication avec Dieu, plus de participation
« aux mérites du Sauveur. Il n'est pas sûr que tous ceux
« qui se confessent soient dans l'état de grâce, mais il est
« sûr que tous ceux qui ne se confessent pas et ne com-
« munient pas, vivent nécessairement dans la haine de
« Dieu et marchent dans la voie de la perdition. »

Aussi, suivant toujours cette méthode, vous l'entendez, dans la plus grande partie de ses prônes, discutant avec le pécheur, luttant contre son obstination, s'élevant avec force contre ses prétextes, ses préventions et ses refus ; il le prend pour ainsi dire au collet, le secoue, le suit et le pousse pied à pied, et après avoir démasqué, signalé sa faiblesse, sa lâcheté, son hypocrisie, il lui dit : « Il n'y a rien de plus facile au monde
« que la confession ; toute la difficulté se réduit à traver-
« ser la porte de la sacristie ; une fois à la sacristie, le
« plus fort est fait ; le reste ne coûte rien. Demandez-le à
« ceux qui en ont fait l'expérience. . . . . En

« effet, toute la peine de la confession se réduit à répon-
« dre *oui* ou *non*, à cinq ou six questions que vous fait
« le prêtre. Et quel est celui d'entre vous qui ne se sen-
« tirait pas capable de dire cinq à six fois : *oui, mon Père,*
« *non, mon Père* ? Quel est celui qui oserait dire qu'en
« achetant le ciel à ce prix, il l'achêterait trop cher ? »

Une autre fois il tiendra ce langage : « Vous cherchez
« le bien-être, le bonheur, et pour vous le procurer,
« vous, ouvriers, vous, journaliers, vous allez faire des
« journées au prix de vingt sous que peut-être on vous
« fait perdre. Eh ! bien, je vous offre le bonheur, un bon-
« heur immanquable, certain et imperdable, si vous vou-
« lez m'écouter et faire le peu que je vous demande, ce
« peu qui n'est pas si pénible que votre journée : passez à
« la sacristie, où, après votre confession qui sera bientôt
« faite et sans trop de sueur, je vous remettrai un *billet*
« *pour le ciel*, et ce billet, si vous ne le perdez pas, vous
« assurera le bonheur, un bonheur dont vous ne pouvez
« vous faire l'idée.

Il achève un jour une exhortation au salut par ces
trois lignes : « Et pour résumer ma pensée et cette ins-
« truction, je termine par cette parole de saint Thomas
« d'Aquin, à sa sœur : *Mon frère, lui demanda-t-elle,*
« *que faut-il que je fasse pour me sauver? Ma sœur, le*
« *vouloir*. Ainsi-soit-il ! » C'est toute la péroraison.

Et une instruction sur les fins dernières en 1863
finit ainsi : « N'achetez pas de livres d'histoire ; ce se-
« rait un argent dépensé mal à propos. Toute l'his-
« toire du genre humain se résume en deux lignes : Être
« éternellement heureux ou éternellement malheureux !
« ou encore : Le ciel ou l'enfer ! ou ce qui vaut mieux :
« l'enfer ou le ciel ! Puisse ce dernier être votre partage
« et le mien ! Ainsi-soit-il ».

Nous lisons à la fin d'une instruction du 9 avril 1861 :
« La route du salut à parcourir n'est pas si difficile que le

« montrent le démon et les passions ; elle est très facile à
« ceux qui ont bon vouloir. Demandez-le aux âmes qui
« donnent l'exemple et que vous trouvez toujours fidèles
« au rendez-vous. Rien ne leur coûte ; elles sont toujours
« prêtes à partir, et, comme les soldats français en face
« de l'ennemi, elles répètent le mot, gage de la victoire :
« *En avant !* nous nous reposerons au ciel ! »

En *avant !* c'est bien le ton du capitaine qui commande
à ses troupes.

Nous aurions mille traits de ce genre à consigner ici et
à souligner. Mais il faut finir. Voici le dernier. Dans un
discours adressé aux jeunes filles, après les avoir exhor-
tées à la vertu, à la sagesse, il leur dit en terminant :
« Oh ! quel plaisir j'aurais de vous enterrer tandis que
« vous êtes sages !... Mais voulant conserver la sagesse
« et l'innocence, vous viendrez demander souvent à
« l'Eucharistie cette grâce ; c'est là seulement que vous
« trouverez les moyens pour déjouer les efforts et les
« ruses des ennemis qui en veulent à vos âmes. Mes
« pieuses filles, devant Dieu et devant les hommes je
« réponds pour vous et de vous. Ne me faites pas men-
tir. » (Discours du 20 septembre 1860).

Pour conclure cet article de la Prédication, je dirai :
M. Hivert prêchant est comme un oiseleur toujours au
poste et toujours tendant dans les airs le filet de la parole
divine pour prendre les âmes. Et enfin, voulant peindre
par un dernier coup de palette cette parole si originale,
je donnerais pour titre aux œuvres oratoires de notre
héros : *Sermons où l'on ne dort pas.* Rien n'y provoque le
sommeil ni le fond, ni la forme, ni la longueur, ni le
débit.

POST-SCRIPTUM

PETITE MANIE !

L'abbé Hivert acceptait volontiers de prêcher dans l'église de ses confrères. Encore tout jeune prêtre, il parut dans la chaire de Saint-Front, en présence de son évêque, Mgr de Lostanges. Plus tard il prêcha à Bordeaux. Les paroisses voisines de Neuvic l'entendirent tour à tour. Curé de Badefols, on s'empressa de l'employer dans les églises des environs, Cadouin, La Linde, Molières, Couze, Mauzac, Calès, Drayaux, plusieurs fois à Pontours, où, disait-il en ouvrant son sujet, « il venait « porter l'eau à la fontaine ». Il occupa aussi les chaires de Bergerac, de Saint-Jacques et de la Madeleine. C'est dans cette dernière, il y a environ deux ans, qu'il prêcha alors âgé de quatre-vingt-onze ans, la Fête de l'Adoration « avec une ardeur juvénile et une richesse de fond « et d'expressions qui nous saisit tous. » (1).

Mais voici : quand l'abbé Hivert avait promis de prêcher quelque part, il voulait qu'on le tînt secret, et défense était faite au confrère qui l'employait de le divulguer, et cela sous peine de faire défaut au jour dit. Or, en 1869, déférant au vœu de M. Lespinasse, curé-doyen de La Linde, il avait consenti à prendre la parole dans cette église, le dimanche 25 juillet, fête de l'Adoration. Je fus mis dans le secret et engagé discrètement par le bon doyen à aller entendre l'orateur, encore inconnu pour moi, sous le rapport de la prédication. Le samedi, veille de la fête, je vais visiter un instant M. Hivert, pour essayer de recueillir le secret de sa propre bouche, et pour mieux le

____

(1) M. le chanoine Eyriniac, art. nécrol.

tenter, je lui propose de nous rendre à Bergerac le lendemain même, dimanche, à l'occasion de la consécration de l'église Saint-Jacques nouvellement restaurée. Réponse négative, bien entendu, brève et sans commentaire ni ouverture ou confidence sur le sermon qui se préparait. Je me retire sans trahir en rien mon secret, mais jouissant d'avance intérieurement de la petite surprise ou vengeance que je lui réservais, pour l'heure solennelle des vêpres du lendemain.

Le jour et l'heure venus, il part donc de Badefols, se dirigeant vers La Linde, par la rive droite de la Dordogne et évitant ainsi de passer à Pontours. Chemin faisant, il trouve une femme qu'il salue et interpelle : « C'est aujourd'hui fête à La Linde, n'est-ce pas ? — Oui, Monsieur le curé. — Et qui y prêche ? Le savez-vous ? — Monsieur le curé, pour cela, je l'ignore. » — Heureuse réponse ; car si elle avait dit : « Monsieur, on croit que c'est M. le curé de Badefols », immédiatement il rebroussait chemin et rentrait chez lui.

Il arrive donc, heureux se croit-il du mystère qui plane sur le prédicateur du jour. Mais à la sacristie, après avoir salué le doyen qui l'attend, il aperçoit un peu dans l'ombre son voisin de Pontours qui se cache, n'osant trop se montrer, et pour cause. Mais hâtons-nous de le dire, un peu désappointé peut-être, et comprenant à l'instant l'innocente ruse ou le piège amical et fraternel de la veille, il me salue très gracieusement avec son sourire habituel. Initule d'ajouter qu'il s'exécuta bravement et de très bonne grâce et qu'il remplit sa tâche avec toute la perfection habituelle.

VII

MONSIEUR HIVERT ET LES VOEUX

Personne, peut-être, sauf son confesseur, n'a rien su, presque rien du moins, de la vie intérieure de ce prêtre, de ses luttes spirituelles, ni de ses inventions pour combattre la nature mauvaise et anéantir le vieil homme.

Toutefois il est permis de supposer que la pratique des vœux fut un de ses moyens favoris. On peut appeler M. Hivert *l'homme aux vœux*, si nombreux sont, en effet, et si divers les vœux qu'il a faits. Manie! dira-t-on, déjà. Soit! Moins que personne, je ne veux lui en faire un grief; je veux au contraire la mettre en relief et essayer de rassurer ceux que choquerait de prime-abord cette pratique à laquelle lui, moins que tout autre, n'attachait aucune superstition, et dans laquelle on peut affirmer qu'il a trouvé un puissant moyen de sanctification.

Premier Vœu

Ne jamais rien prendre du casuel. — L'abbé Hivert, lors de son ordination sacerdotale, fit vœu, dans un élan de généreuse ferveur, de ne jamais rien accepter du casuel qui pourrait lui revenir. C'était là un acte de désintéressement qui, tout en l'honorant, était bien propre à frapper l'esprit des populations et à les rapprocher du prêtre et de la religion. Mais encore au début de son ministère à Saint-Laurent, en 1831, il tombe malade ; ses ressources ne sont pas grandes ; les soins dont il a besoin nécessitent des dépenses. Dans cette conjoncture, poussé par un scrupule, peut-être, il consulte son Père en Dieu, son évêque qui s'empresse de le rassurer, l'éclaire et dissipe ses doutes et ses inquiétudes.

              « Périgueux, le 9 décembre 1831.

« Monsieur le Curé,

« Votre promesse faite à votre ordination de ne pas
« recevoir de casuel était imprudente et contraire aux
« statuts du diocèse. Mais vous aviez mis la restriction :
« *à moins de besoins pressants* ; alors vous trouvant dans
« ces *besoins pressants*, vous pouvez en toute sûreté de
« conscience percevoir le casuel, et vous le proportion-
« nerez, autant que vous le pourrez, aux facultés des
« pauvres ; je n'ai donc point à vous imposer de pénitence
« à cet égard. »

Deuxième Vœu

Une messe à Notre-Dame du Mont Carmel. — Dans cette même maladie de l'année 1831, M. Hivert fit un autre vœu ; il promit, s'il guérissait, de dire, tous les mois, une messe en l'honneur de Notre-Dame du Mont-Carmel. Il avait et il a eu toujours une grande dévotion pour le scapulaire, à cause sans doute des nombreux et immenses avantages attachés à cette confrérie, et en particulier, à cause de la promesse d'une bonne mort faite par la Sainte-Vierge, pour ceux qui mourraient avec le saint habit. Aussi portait-il sur lui continuellement deux scapulaires, mais certes sans aucune superstition : un sur les épaules, et l'autre dans une poche, afin d'être sûr d'en avoir toujours un sur lui et de n'être pas surpris par la mort n'ayant pas la sainte livrée de sa bonne Mère. Ajoutons un détail qui paraîtra bizarre, mais aussi très édifiant : on voyait un grand nombre de scapulaires appendus aux murs de sa chambre, notamment près de la porte et au christ-bénitier de sa cheminée, comme si le serviteur de Marie avait voulu les constituer gardiens pour en défendre l'entrée au démon, surtout à l'heure de sa mort.

Or, étant entré en convalescence, il écrit à son Evêque, pour le consulter, en premier lieu, sur le casuel, ainsi que nous l'avons vu plus haut, et, en second lieu, pour lui demander comment il pourra dire la messe qu'il a promise et qu'on peut qualifier de véritablement *votive*. Et le Pontife lui répond : « Vous pouvez dire la messe de « Notre-Dame du Mont-Carmel, les derniers samedis de « chaque mois, et si la rubrique s'y oppose, vous la direz « au jour libre de la semaine suivante. »

Ce vœu était-il perpétuel ou bien seulement temporaire ? Je l'ignore. Je n'ai jamais entendu M. Hivert nous entretenir de cette particularité de sa vie, marquante cependant.

Troisième Vœu

Ne jamais boire de vin. — A quelle époque, dans quelle circonstance de sa vie, à quelle occasion en un mot, M. Hivert s'est-il interdit de boire du vin ? Impossible de le déterminer. Mais si ce point est un mystère, nous savons tous du moins et sûrement qu'il est resté plus de cinquante ans sans boire de vin, qu'il aimait cependant et qu'il savait apprécier en bon juge. Tous connaissaient son vœu, tous en parlaient ouvertement ; on en plaisantait même à demi sérieusement dans le fraternel laisser-aller du repas ou de la causerie ; on ajoutait parfois : « *Non, jamais de vin, à moins de devenir* « *Pape !* » Restriction faite par l'abbé lui-même, sans aucun espoir de réalisation, et qui garantissait la perpétuité de la promesse ; ou bien, restriction inventée à plaisir par quelque facétieux interlocuteur. Au reste il prenait très bien nos plaisanteries à ce sujet et y mêlait même les siennes, et lorsque, à table, on se permettait de lui offrir du vin sérieusement ou en se jouant, il refusait avec un fin sourire, et étendant la main sur le verre : « Oh ! halte-là, disait-il, jamais ! » Et pour se revancher et répondre à nos provocations, il avalait placidement et en se délectant de pleins verres d'eau. Lui enfin qui ne buvait donc jamais de vin, était heureux d'en donner à ses convives, jaloux de leur servir des vins de marque, surtout à ses intimes, qui étaient certes très initiés aux minutieuses précautions qu'il prenait pour se les procurer.

Ce vœu, il l'a gardé avec une fidélité inviolable jusqu'à la fin. Un jour de grande fête à Neuvic, Monseigneur, vu la circonstance, crut devoir le relever de son engagement et lui permettre pour une fois, pour ce jour seulement, de boire du vin. Mais lui, tout en s'inclinant respectueusement devant l'autorité de son Evêque et reconnaissant son pouvoir, refusa énergiquement et rien ne put ébranler sa constance ni faire fléchir sa volonté. Un jour, vers la fin de sa vie, M. le docteur Beauchamps soignait les plaies de ses jambes, avec qu'elle charitable délicatesse ! Après y avoir versé l'huile qui adoucit, « et « maintenant, M. le curé, dit-il, il faudrait faire usage du « vin qui fortifie. » A ce mot, me tournant vers le patient, « Eh ! bien, lui dis-je, je vais écrire à Rome pour prier le « Saint-Père de vous dispenser de votre vœu ! » Mais lui, comme instinctivement, mettant le doigt sur les lèvres et levant vers moi un regard négatif : « Oh ! non, non ! » s'écria-t-il d'un ton quasi inspiré qui interdisait toute réplique « jamais ! Je serai fidèle et obéissant à mon vœu « jusqu'à la mort ! »

Et ce cri était le résumé et comme l'écho de ces paroles fréquentes dans sa bouche : « *vota mea Domino reddam,*

« je conserverai mon vœu devant le Seigneur, et le
« lui rendrai entier tel que je l'ai fait, jusqu'à ce que
« arrivé au milieu de la Jérusalem céleste, *in medio tui,*
« *Jerusalem,* je pourrai m'asseoir à la table du grand roi
« et boire à longs traits du jus de la vigne, *de hoc geni-*
« *mine vitis,* et m'enivrer d'une sainte ivresse au torrent
« des chastes voluptés éternelles. »

Privation du vin ! Comme se rattachant à cette catégo-
rie de vœu, je dois mentionner à la suite, que M. Hivert
est resté une vingtaine d'années sans boire ni alcool ni
liqueur d'aucune espèce. Or, vu son amour de prédilection
pour cette pratique des vœux, nous sommes autorisés à
conclure que cette abstention de liqueurs était la suite ou
l'observation d'un vœu. Embrassés et pratiqués comme
principe de santé et cause de longévité, ou en vue
de mortification et de pénitence pour soi ou pour les
autres, de tels actes ne sont pas moins admirables et d'un
bon exemple à imiter jusqu'au possible du moins.

QUATRIÈME VŒU

*Promesses par vœu de messes et autres prières, à l'in-
tention de quelques personnes désignées.* — Dans plusieurs lettres que j'aurai occasion de citer plus loin,
M. Hivert s'engage par vœu auprès de trois ou quatre personnages à dire des messes à leur intention. Il
usait à leur égard de cette pratique du vœu comme d'une
sainte industrie, pour arriver à un but qui lui tient à
cœur ; soupçonnez ce but, vous le pouvez, intelligent lecteur ; mais j'en réserve à plus tard la pleine et curieuse
révélation.

C'est donc ; 1° le vœu d'une messe à dire le premier lundi de chaque mois, fait à la duchesse de Galliéra,
par une lettre du 3 février 1885 dans laquelle il lui dit :
« Que je reçoive une réponse ou que je n'en reçoive pas,
« j'ai fait le vœu de dire une messe pour vous le premier

« lundi de chaque mois, et cela tant que je pourrai
« exercer le saint ministère ; et si mes fonctions pasto-
« rales m'empêchent d'offrir pour vous le saint sacrifice
« le lundi, je remplacerai par le premier jour libre.
« Le vœu est pour toute ma vie. »

C'est en outre, 2° le même vœu d'une messe fait à
la duchesse d'Uzès, en octobre 1886, dans les mêmes
termes qu'à la duchesse de Galliéra.

C'est de plus, 3° un vœu fait en faveur de la comtesse
de Castellanne. Il lui dit, dans sa lettre du 23 juillet 1897,
qu'il a fait vœu d'un *Memento* quotidien au saint sacrifice
de la messe pour elle et d'une dizaine de chapelets pour
elle et les siens, et cela tant qu'il vivra. « C'est un
« vœu ferme que j'ai fait, écrit-il, indépendant d'une
« réponse. »

C'est encore, 4° le vœu d'une messe à dire en faveur de
Mademoiselle N... : « Je dirai cette messe, lui dit-il, pour
« vous tous les deuxièmes mercredis de chaque mois, tant
« que je ne serai pas dans le ciel. »

C'est en outre, 5° en faveur du député X..., le vœu de
la quatrième dizaine de chapelet pour lui et les siens
toute sa vie.

C'est enfin, 6° le vœu d'une messe en faveur de
M. Maskay. Dans sa lettre du 8 juillet 1880, après avoir
déploré l'assassinat, dont cet Américain a failli devenir
victime, il l'assure que depuis douze ans il dit la messe
pour lui le 8 août de chaque année et cela par vœu tant
qu'il vivra.

CINQUIÈME VŒU

Ne jamais jouer, aux cartes surtout. — Ce vœu portait :
« Si je laisse jouer aux cartes chez moi, sans prévenir
« les joueurs qu'on ne joue pas ici, je donnerai cin-
« quante francs aux pauvres ; mais si j'avertis les joueurs,

« ils devront eux-mêmes, avant d'ouvrir la partie, dépo-
« ser les cinquante francs sur la cheminée. »

Hélas ! c'est avec un douloureux souvenir que je relate
ici la teneur de ce vœu. J'en fis, oui, la cruelle expérience, mais bien innocemment et sans malice. Néanmoins je pus faire de la peine au cher défunt et j'en
demande bien pardon à sa vénérée mémoire. Parfois
la plaisanterie coûte cher tant à celui qui la fait qu'à celui
qui la souffre.

Sixième Vœu

N'être jamais chanoine de Périgueux. — Mépris des
honneurs ! Soit ! je l'accorde ; personne n'ignore qu'il
n'en faisait aucun cas. Mais pourquoi avoir fait vœu
de ne pas accepter le canonicat dans le diocèse ? Réponde
qui pourra ! Mystère ! Quoi qu'il en soit, loin de moi
d'accuser, de dénigrer, de critiquer n'importe lequel
de mes vénérables confrères. Mais combien sommes-
nous allant jusqu'à ce point : « Je n'accepterai jamais le
« camail de chanoine, et par vœu je me fermerai la
« porte à toute distinction ? » Peu poussent si haut la perfection, pas même, hélas ! et surtout celui qui aurait
le moins de droit à quelque dignité. Avouons-le : c'est
l'humanité vaniteuse subsistant encore sous le drap mor-
tuaire de la soutane. Sacrifier une gloriole, si minime soit
elle, par un vœu si exclusif, si absolu, est-ce héroïque ?
Toujours est-il que c'est l'immolation de l'orgueil, sacrifice peu commun et par conséquent digne d'admiration
et de louanges, je ne dis pas cependant devant être imité
et suivi de tous ; car enfin le soleil doit nécessairement
avoir des satellites, le roi des courtisans, et l'évêque une
suite honorable de prêtres distingués par leurs mérites et
leurs vertus et ornés, revêtus d'insignes distinctifs qui les
rapprochent.

Septième Vœu

Pèlerinages à Lourdes. — Puis-je mieux clore cette série de vœux, œuvres et pratiques préférées de M. Hivert, qu'en disant un mot de ses voyages et pèlerinages à Lourdes? Il aimait tant la sainte Vierge! Il lui témoignait sa filiale et confiante dévotion de tant de manières, et surtout par le saint scapulaire comme nous l'avons dit. Mais quand il connut Notre-Dame de Lourdes et ses merveilles, il se prit d'un amoureux et saint enthousiasme pour la grotte bénie et se mit à la visiter deux fois chaque année. Il faisait le premier voyage sans compagnon; il aurait refusé assez vivement même celui qui se serait offert gracieusement à lui. Il voulait être seul, afin d'avoir plus de liberté et de temps pour vaquer à ses dévotions, sans être distrait ni détourné par les questions, interpellations ou réflexions importunes de ses amis.

Le premier voyage avait toujours lieu le premier dimanche de juillet et absorbait la semaine entière. Il employait ses jours et ses heures, en présence de sa chère Madone de Lourdes, en mille exercices pieux et par la récitation répétée du chapelet, à son intention et aussi pour les causes qui étaient chères à son cœur de prêtre. Il accomplissait le second voyage en vrai pèlerin, se joignant chaque année au pèlerinage de Libos. Le vénérable curé de cette paroisse de l'Agenais, qui le connaissait bien comme fidèle au rendez-vous annuel, aurait pu nous raconter les actes nombreux de délicatesse, de générosité, de mortification et d'autres vertus accomplis par notre fervent et heureux pèlerin.

Or, tous ces voyages pieux, tous ces pèlerinages n'étaient-ils pas la suite, l'exécution de quelque vœu? On a le droit de l'affirmer sans témérité, quand on connaît,

comme nous connaissons maintenant, les prédilections de
M. Hivert pour cette pratique de religion. Son bonheur
n'était-il pas à dire et à chanter avec le Psalmiste : « *vota*
« *mea Domino reddam, je rendrai au Seigneur tous mes*
« *vœux* ? » (Ps. 60).

VIII

M. HIVERT ET LA POLITIQUE

SON OPINION POLITIQUE

La politique ! Que nul ne s'effarouche à ce mot ! Ici, en
effet, il ne s'agit point d'une longue dissertation sur le
gouvernement des Etats, ni sur le régime qui conviendrait
le mieux à telle nation, à la France en particulier. Loin
de là. Je veux seulement constater quelle a été l'opinion
politique de notre héros, et sa conduite vis à vis des
diverses formes de gouvernement sous lesquels il a vécu :
le premier Empire, la Restauration, la Monarchie de
Juillet, le second Empire, la République.

L'abbé Hivert a toujours été légitimiste, attaché et
dévoué à la branche aînée des Bourbons. Etant entré
dans la vie d'homme sous la Restauration, il avait une
espèce de culte pour Louis XVIII et Charles X, ces deux
frères de l'infortuné Louis XVI. Ennemi du régime de
Juillet, ennemi de l'Empire Napoléonien et aussi de la
République, fût-elle, comme elle le pourrait être, avec
des hommes sages, conservatrice, libérale au bon sens
du mot, fût-elle chrétienne même ! Mais à la mort de
Henri V, il se rallia aux d'Orléans, devenus héritiers du
trône, sans avoir égard au drapeau qui, à ses yeux,
n'est qu'un morceau d'étoffe. Le fait seul de son abonne-

ment à la *Gazette de France*, pendant soixante-dix ans, suffit pour nous édifier sur ses opinions politiques. Aussi dans les dernières années de sa vie, ce journal lui était-il gracieusement servi tout gratuit, comme hommage à sa fidélité inébranlable.

On a grandement admiré, loué, ou du moins remarqué, signalé et aussi commenté diversement cette constance, qui, avouons-le, est assez rare en ce point, comme en beaucoup d'autres.

Le nom de la *Gazette de France* que je viens d'écrire, amène ici une espèce de petite digression qui peut avoir, ce me semble, quelque intérêt historique.

Lecteur habituel de cette feuille, l'abbé Hivert apprit à y connaître M. de Genoude qui en fut assez longtemps le directeur principal. Mais ce publiciste célèbre, ayant versé dans certaines idées politiques, se vit répudié et par le parti légitimiste pur et aussi par le gouvenement de Juillet, qui le traqua et lui fit plus de trente procès. Il essaya de propager ses doctrines et de former une petite école dont le nombre restreint des disciples prit le nom de *Genoudistes*. L'abbé Hivert en fit-il partie ? Toujours est-il que grand admirateur du publiciste, il remplit sa bibliothèque de plusieurs de ses œuvres. Et de plus on le trouve en correspondance avec un M. Frédéric Billot, fervent *Genoudiste*, avocat à Arles, où sous les auspices de M. de Genoude et sous la direction de M. de Lour-doueix, le *Platon de notre siècle*, disait-on, il avait fondé, en 1848, le journal *La Provence* pour défendre les doctri-nes du Maître. Donc les deux *Genoudistes* s'écrivent. Le 14 février 1858, l'abbé Hivert a envoyé une lettre toute de sympathie à M. Billot, et celui-ci, dans sa réponse du 18, dit entr'autres choses : que la mort de de Genoude a été un malheur public ; qu'il est convaincu que Genoude vivant, nous n'en serions pas où nous en sommes. —

Il lui expédie, lui annonce-t-il, quelques-unes de ses œuvres (à lui, Billot) et en particulier *son épitre aux misérables Veuillot*. — Puis il termine par cette phrase : « On est heureux, Monsieur, de rencontrer des hommes « comme vous. La semence de *Genoudistes* n'est pas « perdue. Le grand homme n'a pas fait des croyants, « mais des apôtres, etc. »

Cependant, de l'*Epître aux misérables Veuillot* résulta dans la Presse une polémique, qu'il serait impossible et d'ailleurs inutile et hors de propos de suivre ici dans ses détails, et dans laquelle l'avantage dut rester au polémiste puissant et inégalable, qui n'a jamais varié dans l'amour et la défense de la vérité, mais de la vérité entière, de la vérité avant tout et par dessus tout. Aujourd'hui que dort déjà, depuis plusieurs années, le grand lutteur, aujourd'hui que, avec la passion, s'est éteinte l'ardeur des combats, on lui rend justice sur ce point, comme sur tant d'autres.

Quant à Genoude, s'il a pu errer, hélas ! *errare humanum est*, il a bien fini. Je suis heureux de rapporter ici le témoignage de l'un de ses éminents amis, M. A. Bosviel, avocat à la Cour de Cassation et au Conseil d'Etat. Et comme ce témoignage regarde M. Hivert et lui est adressé en personne, l'on ne m'accusera pas de faire depuis un instant un hors-d'œuvre. Je suis dans mon sujet et je n'ai point perdu de vue ni laissé mon héros. Donc, M. Bosviel, originaire de Neuvic, où alors il avait son digne frère, et où aujourd'hui la famille est continuée dignement par l'honorable et distingué docteur de ce nom, M. G. Bosviel, écrit à M. le curé de Neuvic comme à un ami et s'exprime en ces termes: « Mon cher curé, j'ai été voir mon ami de « Genoude auquel j'ai fait faire sa confession générale ; il « a été charmant, plein de repentir et m'a donné une « satisfaction que je lui demandais pour vous ; vous trou-

« verez ce petit mot aimable dans cette lettre ; je vous
« l'envoie pour étrennes.

   « Tout à vous,   « A. BOSVIEL.

     « Paris, le 4 janvier 1849 ».

DIFFICULTÉS APRÈS JUILLET 1830

La chûte de Charles X fut pour l'abbé Hivert un véritable deuil, dont le contre-coup faillit lui attirer des embarras, dont je vais parler à l'instant même.

Louis-Philippe, roi des Français, était à ses yeux, comme du reste aux yeux de l'histoire, un vil usurpateur. Il conçut pour ce monarque une espèce d'horreur, si vive, qu'il en vint à se persuader que l'on pouvait (en conscience) fruster son gouvernement. Que peut-on devoir à un voleur, se disait-il ? Et ainsi disposé ou prévenu, il était loin d'être tendre dans ses jugements vis-à-vis l'homme de 1830 et de son régime. Cependant, obéissant à un scrupule, ou cédant à un doute survenu dans son esprit, il consulte Mgr l'Evêque, son paternel conseiller, et le Pontife, dans une réponse du 22 mai 1833, l'éclaire, en lui rappelant les vrais principes.

« Nous n'avons pas à peser nos actions à la balance de
« Louis-Philippe, et la charité exige que nous ne le
« jugions pas plus sévèrement que les autres hommes.
« *Regem honorate*, dit l'apôtre Saint-Pierre, et dans ce
« temps-là c'était Hérode ou Néron. »

Et puis répondant théologiquement au cas exposé par le curé de Saint-Laurent, l'Evêque conclut qu'il faut ne pas fruster l'Etat *quel qu'il soit*, et rendre à César ce qui est à César : respect et obéissance.

Mais avant ce petit incident, et dès l'année même de l'avènement du *roi-bourgeois*, la répulsion de l'abbé Hivert pour ce monarque avait suscité, dans sa paroisse, un

événement gros d'une tempête menaçante et compromet-
tante pour son avenir. Dès le début de la Révolution de
Juillet, on avait organisé les Gardes Nationales dans toutes les communes. En certains endroits, sinon partout,
elles se rendaient en corps à l'église pour assister à la
messe. Plusieurs fois déjà la nouvelle milice de Saint-Laurent avait ainsi fait acte de présence dans le lieu saint.
Mais le dimanche, 21 novembre 1830, M. le curé, à l'heure
de l'office, se présenta à la porte de l'église pour mettre
son *veto*, et lui défendit de pénétrer en corps dans le lieu
saint, disant « *qu'il n'était pas aumônier et qu'il n'avait pas*
« *besoin d'être gardé.* » Précédemment, il avait refusé
aussi de bénir l'arbre de la liberté, selon l'usage de ce
temps-là. Le capitaine de la garde se soumit, en maugréant,
à la défense du curé. Mais le Sous-Préfet de Ribérac
ayant été informé du fait, écrivit à M. le Maire de Saint-
Laurent, le 30 décembre, une lettre qu'il faut reproduire
ici, comme type de la manière dont les pasteurs des âmes
étaient traités par un gouvernement, qui montrait déjà
son antipathie et son hostilité pour la religion et le clergé.

DÉPARTEMENT   Ribérac, le 30 décembre 1830.
DE LA DORDOGNE

—

ARRONDISSEMENT

DE RIBÉRAC   Le Sous-Préfet de l'arrondisse-
          —   ment de Ribérac à M. le Maire de
N° 509   Saint-Laurent.

     « Monsieur le Maire,
     « Je fus informé dans le temps que le dimanche
« 21 novembre dernier, la Garde nationale de votre
« commune réunie dès le point du jour, pour faire
« l'exercice, désira d'entendre la messe en corps et se
« présenta devant l'église, lorsque la cloche annonçait le
« moment de l'office ; qu'elle allait entrer, quand le curé

« se plaça sur la porte et défendit l'entrée de l'église à
« cette Garde, en disant qu'il n'était pas aumônier et
« qu'il n'avait pas besoin d'être gardé ; qu'alors le capi-
« taine s'adressa à vous ; que des parlementaires furent
« envoyés au curé qui se raidit et ne voulut pas consentir
« à ce que la Garde nationale fût admise en corps dans
« le lieu saint.

« Je sus aussi que le curé s'était refusé à bénir le dra-
« peau. Cette cérémonie n'étant pas indispensable, il eut
« été prudent, pour éviter toute contestation fâcheuse,
« de ne pas réclamer le ministère du curé dont on pou-
« vait fort bien se passer.

« Je rendis compte au Préfet de ces diverses circon-
« stances. Ce magistrat s'est plaint à Mgr l'évêque de
« l'espèce de scandale donné par un ministre du culte.
« Mgr l'évêque a répondu qu'il s'est empressé de donner
« à M. le desservant les instructions nécessaires.

« L'administration doit présumer que par ces paroles :
« les *instructions nécessaires*, Mgr l'évêque a entendu que
« le desservant de votre commune s'empresserait de
« réparer la faute qu'il a commise contre ses paroissiens
« et le scandale qu'il leur a causé. M. le préfet désire
« savoir, et je vous prie de me faire connaître, quelles
« mesures ont été prises, pour que M. le desservant soit
« rentré dans la ligne de son devoir.

« D'ailleurs, monsieur le Maire, je vous recommande
« de surveiller la conduite de cet ecclésiastique, non que
« j'entende que cette surveillance soit inquisitoriale, car
« telle n'est pas l'intention du gouvernement, qui veut
« seulement que chacun, quelles que soient ses fonctions,
« se renferme strictement dans le cercle de ses devoirs
« et de ses droits. Les ecclésiastiques ne sont pas moins
« que les autres astreints à ce principe de vérité éternelle
« et le plus sûr garant du maintien de l'ordre et de la
« tranquillité dans la société.

« Je regrette au surplus, Monsieur le Maire, que vous ne
« m'ayez pas, dans le temps, rendu compte de ces faits
« divers, et je puis en être surpris lorsque je connais
« votre exactitude et votre zèle auquel j'aime à rendre
« hommage.

« Veuillez recevoir, etc.

« Sélerier. »

Il y aurait beaucoup à relever et à reprendre dans cette
lettre ; elle n'est qu'une rodomontade et une impertinence
du petit Sous-Préfet, pleine d'erreurs et de prétentions
que le lecteur saura bien remarquer et souligner. En quoi,
en effet, M. le Curé de Saint-Laurent aurait-il, par son
refus, manqué à son *devoir* et outrepassé ses *droits*? Où
donc trouvera-t-on la loi de *vérité éternelle*, et même la loi
civile qui oblige un curé, à qui appartient légalement la
police de son église, d'y recevoir aux offices une garde
nationale *en corps*? A quand alors l'obligation d'y recevoir
aussi une troupe de *pierrots* ? Question que je suis loin de
faire pour comparer une Garde nationale à une masca-
rade. Dieu me garde d'ajouter une injure de plus aux
avanies jetées aujourd'hui à notre noble et brave armée.
Je l'aime et la respecte trop, ne pouvant oublier qu'avec
la religion, elle a fondé, formé la France, et qu'elle en a
toujours fait la gloire et la sécurité.

Cependant, si M. Hivert pouvait peut-être s'y prendre
différemment, pour éviter tout conflit et arriver à son but
plus pacifiquement, dans la mesure en elle-même il n'a ni
méconnu son *devoir* ni outrepassé *ses droits*. Et quant à
ses raisons d'agir ainsi, il est probable qu'il y fut déterminé par la tenue de la Garde dans le lieu saint ; elle
n'était peut-être rien moins qu'édifiante et silencieuse, et
par conséquent de nature à troubler le culte divin. Disons
aussi que M. Hivert fut poussé à cette mesure sans doute
par ses opinions politiques. Louis-Philippe ne lui agréait
pas, non plus que son gouvernement ; il trouva l'occasion

de le manifester par une espèce de coup d'éclat et en cela il fit acte politique. C'est ce que lui reproche un M. Guillaumont, de Bénévent, qui accusé ou soupçonné par le curé de l'avoir, pour le fait du refus en question, dénoncé auprès de l'administration, lui écrit une lettre, où après s'être justifié, il ajoute :

« Au surplus, je ne sache qu'aucun ait cherché à con-
« trarier vos opinions, et vous avez prouvé de voir ce
« corps (la Garde) de mauvais œil.... Vous n'avez pas
« craint de mortifier ces Gardes ; la façon de penser de
« celui qui en a été choqué doit être aussi libre que votre
« manière d'agir, »

Je n'ai trouvé aucune lettre de Mgr de Lostanges blâmant son curé ou lui donnant des instructions. Mais il est à croire et même certain que l'affaire n'eut pas d'autres suites.

UN PARI POLITIQUE

Le temps a marché ; nous sommes en 1839 ; Louis-Philippe règne toujours ; mais il n'a pas conquis les sympathies de M. Hivert, ni gagné à la cause de sa dynastie. D'un autre côté, le duc de Bordeaux, Henri V a atteint dix-huit ans ; déjà il occupe l'opinion publique... M. Hivert désire passionnément son avènement, il l'attend, il y compte, il voit déjà le prince sur le trône. Les événements, dit-il, vont l'amener ; Louis-Philippe n'est plus possible, et l'année 1840 verra s'accomplir la restauration légitime par le retour du noble exilé. Entre amis on en cause, on échange ses vues, ses désirs, ses craintes et ses espérances. C'était bien là un jour le sujet d'un entretien entre M. Hivert et M. G. Dussoulas. Sur ce, un pari s'engage entre les deux amis ; il est accepté, arrêté et souscrit dans la teneur qui suit :

« Sur la proposition de M. Hivert, curé de Neuvic,
« que Henri V arriverait au trône de France en l'année
« 1840 ; de mon côté, ayant le même désir, mais n'ayant
« pas la même confiance dans les événements, je crois que
« dans la même année 1840 nos vœux respectifs ne pour-
« ront se réaliser. Néanmoins, le cas contraire échéant,
« à n'importe quelle époque de la même année, je pro-
« mets et m'engage à fournir le dîner à dix convives, cinq
« de mon côté, à mon choix, et cinq du côté de M. Hivert,
« également de son choix. Et moi, Hivert, de mon côté,
« je prends le même engagement envers M. Dussoulas si
« l'événement n'a pas lieu.
« Fait double à Neuvic le 30 décembre 1849.
                    « G. DUSSOULAS.
              « B. HIVERT, *curé de Neuvic.* »

Ni l'un ni l'autre des partenaires n'a vu la réalisation de
leur vœu commun. Mais M. Hivert perdit totalement
son pari. Homme d'honneur, il dut payer sa dette et
même tout princièrement.

LETTRE A UN HOMME D'ÉTAT

Les années ont fui rapidement, comme toujours, hélas!
mais amenant de profonds changements dans notre
société. Le roi des Français est tombé du trône, obligé de
partir misérablement pour l'exil, en se disant tristement :
« *Comme Charles X !* » Sous la République qui remplaça
le gouvernement de Juillet, on put croire un instant
au retour du roi Henri V. *Dieu le veut*, disait-on avec
l'auteur de la brochure : *Dieu le veut !* et à la suite d'un
revirement de l'opinion, alarmée par de nombreux fer-
ments révolutionnaires, et s'orientant vers la royauté
légitime, comme vers le port du salut. Dieu ne le voulut
pas, sans doute. Bientôt la République fut confisquée par

le Prince-Président Napoléon, qui peu après rétablit l'Empire en sa personne. L'Empire n'ébranla point la foi politique de M. Hivert et rien jamais ne put lui arracher la moindre adhésion à César.

Voici cependant qu'en 1858 nous le trouvons en relation avec un personnage de l'entourage de l'Empereur, et, à propos de l'Angleterre et de quelques discours prononcés au Sénat, il écrit à M. le comte X.... une lettre vraiment pittoresque et qu'à ce titre seul je dois publier.

        « Neuvic, le 20 janvier 1858.

    « Monsieur le Comte,

« N'étant qu'un pauvre curé de campagne, je ne sais s[i]
« vous avez le titre d'Excellence, mais si vous ne l'avez
« pas, vous pouvez vous en passer, car vous êtes bien au-
« dessus d'elle ou de lui. Vous jouissez du plus grand
« bonheur qu'on puisse espérer en ce monde, celui d'être
« tombé de votre vivant dans le domaine de l'histoire et
« d'être sûr qu'elle aura pour vous une de ses plus bril-
« lantes pages.

« Si vous êtes curieux de voir toute la France éclairée à
« minuit comme en plein jour, décidez Sa Majesté l'Empe-
« reur à déclarer la guerre à l'Angleterre. Si jamais
« le *Moniteur* peut nous annoncer cette bonne nouvelle,
« depuis le commencement du monde, on n'aura jamais
« vu sur toutes les montagnes un pareil feu de joie.
« Inutile d'ajouter que les discours du Président du Sénat
« et du Président du Conseil d'Etat étaient bien pâles
« à côté de celui que vous avez adressé à Sa Majesté
« l'Empereur.

« Daignez agréer, etc.

« P.-S. — Une demie ligne de réponse me rendrait heu-
« reux et me ferait rêver pendant six mois ».

J'ignore à quels faits se rapporte l'allusion de M. Hivert au sujet de l'Angleterre, à laquelle il voudrait tant qu'on déclarât la guerre. Je sais seulement qu'à cette époque notre rivale d'Outre-Manche avait divers embarras dans ses possessions des Indes. Quant aux discours dont il est question à la fin de la lettre, peut-être sont-ils relatifs à l'attentat du 14 janvier, dirigé contre l'Empereur et l'Impératrice, au moment où ils se rendaient à l'Opéra ? J'ignore également quel est le personnage auquel s'adresse la lettre avec le compliment de la fin. *Excellence* on *non*, il peut être un ministre ou le Président de la Chambre.

VARIATIONS POLITIQUES

Cependant, quelque profondément établi que fut chez M. Hivert le principe de la légitimité, il semble avoir subi certaines éclipses, causées par diverses circonstances que je ne saurais ici ni signaler ni apprécier. Ces défections, si tant est qu'il y en ait eu, furent de courte durée et peut-être apparentes seulement, les convictions intimes restant toujours intactes. Néanmoins elles étonneront les louangeurs de sa constance politique, comme j'ai été moi-même un peu déconcerté, quand j'ai découvert quelques documents ou constaté certains faits, qui témoignent de ce revirement politique ou de cet abandon, ne fût-il que momentané, des principes traditionnels. Je les livre au public, à titre, du moins, de curiosité, et non certes pour en faire un grief à l'homme dont j'étudie la politique. Car chacun pourra les expliquer largement et les interpréter à son sens.

Premier Fait

M. Hivert, intransigeant légitimiste, devenu *napoléonien* : première accusation. Je trouve, en effet, le reproche d'infidélité au principe traditionnel, dans une lettre de l'un de ses bons amis, M. Jacquin, secrétaire général de l'évêché. A la fin de cette lettre officielle et relative à des comptes du secrétariat, M. Jacquin, l'apostrophe en ces termes :

« Vous avez donc abjuré, mon cher ami, puisque vous
« vous dites plus napoléonien que Napoléon lui-même.
« *Quantum mutatus ab illo !!!* Tenez ! c'est triste ! Je n'en
« suis pas moins tout à vous.

« Jacquin. »

La partie supérieure de la page ayant disparu, déchirée, emportée et détruite par le fait de ma précipitation à dépouiller alors le mobilier du défunt, il est impossible de connaître la date de cette lettre. C'était sous l'Empire évidemment. Au surplus, j'ignore les accusations auxquelles faisait allusion l'ami de notre ami. Mais, en tout cas, pour attirer à M. Hivert des reproches si sanglants, ces faits devaient être graves, importants, notoires, significatifs et assez retentissants.

Deuxième Fait

Républicain, deuxième accusation. — Nous venons de voir notre politique parjure, ou du moins infidèle à la légitimité, devenu napoléonien outré. Ce fut de courte durée ; les remontrances de l'ami le firent bientôt rentrer dans la voie première. Hélas ! revenu au principe, nous allons le voir peu après en sortir de nouveau pour se tourner vers la République, et devenir, ou peu s'en faut, républicain. A quoi donc tenait sa fidélité et d'où dépendait son apostasie ? A la vie de Henri V. « *Lui venant à mourir*, écrit-il, il n'aurait pas un mil-
« limètre à parcourir pour être républicain. »

Oui, c'est bien lui qui a écrit ces paroles étonnantes, n'est-ce pas, de la part d'un légitimiste à outrance. Elles se trouvent et je les ai prises dans une lettre qu'il écrivit

à M. Degouve-Denuncques, ancien préfet (1) et peut-être
alors rédacteur au *Moniteur*. C'était en 1866. Le Sénat
avait été saisi par M. Degouve de deux pétitions dont
j'ignore la teneur et l'objet ; elles furent mal accueillies
par les *Pères-Conscrits*, et c'est après leur échec que
M. Hivert envoie à M. Degouve une lettre vibrante d'indi-
gnation et nous révélant le millimètre qui le sépare de la
République.

                    « Neuvic, le 14 avril 1866.

      « Monsieur,

« Je suis abonné au *Moniteur* et je vous remercie. Vos
« deux pétitions ont réussi à mettre de mauvaise humeur
« les vénérables Pères-Conscrits, qui à coup sûr ne des-
« cendent pas en droite ligne du fameux Sénat romain
« qui attendait si fièrement la mort sur les chaises curules.
« C'est un ramassis de tout ce que la France a produit de
« plus caméléon et de plus malléable après soixante ans.
« Si un fabricant de Lyon avait le bon esprit de baptiser
« quelque étoffe de soie sous le nom de *Mosaïque du*
« *Sénat*, il (le fabricant) aurait bientôt gagné des mil-
« lions.

« Je suis légitimiste (et *s'il* (*Lui*) *mourait*) je n'aurais pas
« un millimètre à parcourir pour être républicain. »

La voilà donc écrite de sa main, énoncée clairement,
carrément et même soulignée, l'adhésion de notre politique à la République. Ralliement non conseillé ou indiqué
à cette époque par le Pape ! C'est ici qu'on aurait pu
répéter avec et après M. Jacquin, son ami : *Quantum
mutatus ab illo !* Quel changement, grand Dieu ! et l'accom-

---

(1) M. Degouve avait été nommé préfet du Pas-de-Calais en 1848.
En janvier 1849, il devint préfet des Deux-Sèvres et occupa ce
poste jusqu'en novembre de la même année. Il cessa alors de s'occuper des affaires publiques et dirigea des travaux d'exploitation de
houille. Il a longtemps rédigé une correspondance publique dans le
Journal de Rouen (républicain doctrinaire).

pagner de quatre points d'exclamation. Et cependant, s'il est abonné au *Moniteur*, c'est pour quelques mois seulement, pour y lire dans toute leur étendue les débats des Chambres, et il n'en reste pas moins fidèle à la *Gazette*, qu'il lit à l'exclusion de presque tout autre journal. C'est son oracle infaillible. Et malgré tout cela, si Henri V vient à mourir, il n'ira pas aux d'Orléans, mais à la République en reniant la *Gazette !* Il l'a dit ou plutôt il l'a écrit, mais il ne l'a pas fait.

LE SERMENT POLITIQUE

A propos de politique, il me paraît bon et non sans intérêt de noter ici quel jugement M. Hivert portait sur le *Serment politique.*

Or, il en veut l'abolition, il la prône, il la demande à plusieurs reprises. Dans la lettre citée plus haut à M. Degouve, il expose ses vues à ce sujet, il développe les les motifs de suppression de ce serment, il lui suggère de faire au Sénat une pétition dans ce sens et enfin il indique comment on pourrait remplacer le serment aboli. Lisons plutôt cette lettre vraiment curieuse : « Daignez me « permettre de vous suggérer une idée. Je voudrais « que vous fissiez une pétition pour demander l'abolition « ou la suppression du serment politique. Voici mes « motifs : Nous sommes dans un siècle où, à l'exception » des chrétiens catholiques et vraiment catholiques (et « encore !) on ne croit à rien. Un serment est une pure « formalité. Voyez nos évêques et nos cardinaux comme « ils ont su se dégager de ce qu'ils avaient promis à « Louis-Philippe, et se tourner (même les plus anciens) du « côté du soleil levant. Nous ne sommes plus au temps où « saint Jean-Baptiste disait et payait de sa tête le *non* « *licet* (1). Faites donc une pétition au..... pour demander

______

(1) *Non licet*, ce n'est pas permis.

« l'abolition du serment politique et son remplacement
« par *un engagement d'honneur à n'accepter aucune fonc-
« tion salariée d'aucun autre gouvernement que du gouver-
« nement de l'Empereur* et de sa dynastie. Cet engage-
« ment serait en trois exemplaires, un à la Mairie, un à
« la Préfecture et l'autre au Ministère.

« Quand j'ai dit qu'on ne croit plus à rien, je me suis
« trop avancé. On croit encore à l'honneur; témoins les
« duels et les dettes au jeu. Il me semble qu'une pétition
« dans ce sens n'aboutira certainement pas, mais aura du
« moins le mérite d'exciter de la passion à froid et des
« marques de dévouement de la part du rapporteur et de
« la claque qui ne manque jamais de se mettre verbale-
« ment à l'unisson.

« Daignez agréer, etc.

« B. HIVERT, *curé de Neuvic.* »

Je me garderai bien de suivre plus loin notre politique
sur ce terrain ; il est glissant, peu connu, dangereux pour
nous. Nous ne discutons pas, nous racontons, nous expo-
sons.

TROISIÈME FAIT

Chant du *Domine Salvam*, etc.

Voici enfin, au sujet de la fidélité politique de l'abbé
Hivert, un autre fait qui du reste est de notoriété publique. Il s'agit du chant du *Domine salvam fac rempublicam.*
Ce chant a pu être d'une quasi-obligation dans les premières années de la troisième République, sous la prési-
dence de Thiers et de Mac-Mahon. Mais plus tard, sous
d'autres présidents, nos gouvernants ont supprimé toute
prière soit pour eux, soit pour l'Etat, celui-ci étant devenu
neutre ou moins et plus que neutre vis-à-vis de Dieu et
de la religion. Aussi presque partout le chant du *Domine...*
est tombé en désuétude, et rares sont les églises où
retentit cette invocation, et même il arrive assez souvent

de l'entendre un peu estropiée dans la bouche de certains chantres qui prononcent *salvum* au lieu de *salvam*, ignorant, sans en être coupables d'ailleurs, que *salvam* est l'adjectif au féminin qui qualifie le nom féminin *rempublicam*. Or, à Badefols le chant du *Domine* s'est toujours maintenu, et ce, certainement sous les auspices, ou sur l'ordre, ou avec la complaisance, la tolérance de M. Hivert légitimiste. Je constate sans condamner ni absoudre ; il était juge. Là donc, chaque dimanche, à la messe et aux vêpres, au moment de la Bénédiction du Saint-Sacrement, on entend résonner à pleines voix le chant demandant à Dieu le salut de la République ou mieux de la France, qui peut-être en a tant besoin. Cet usage a survécu à la disparition du bon vieux curé, sauf à la Bénédiction, où l'on se borne à chanter un cantique à la Sainte-Vierge pendant la bénédiction elle-même. Les réformes sont si difficiles et demandent tant de prudence et de lente temporisation, comme aussi tant de respect pour ceux qui ne sont plus et de ménagements pour les survivants.

Après les faits qui précèdent, expliquez donc les opinions légitimistes de M. Hivert ! Y a-t-il de sa part défection, abjuration, abandon du principe traditionnel ? N'est-ce seulement qu'une simple contradiction extérieure, apparente sans être réelle au fond, entre ses principes intimes et sa conduite ? Je ne puis croire, de sa part, à la contradiction qui est la pire maladie des esprits. Je ne puis pas croire davantage à la versatilité chez un homme de cette trempe. Tout au plus le trouverais-je d'une certaine bizarrerie ou bien d'un opportunisme d'un genre difficile à spécifier.

Que le public juge et prononce, s'il lui plaît !

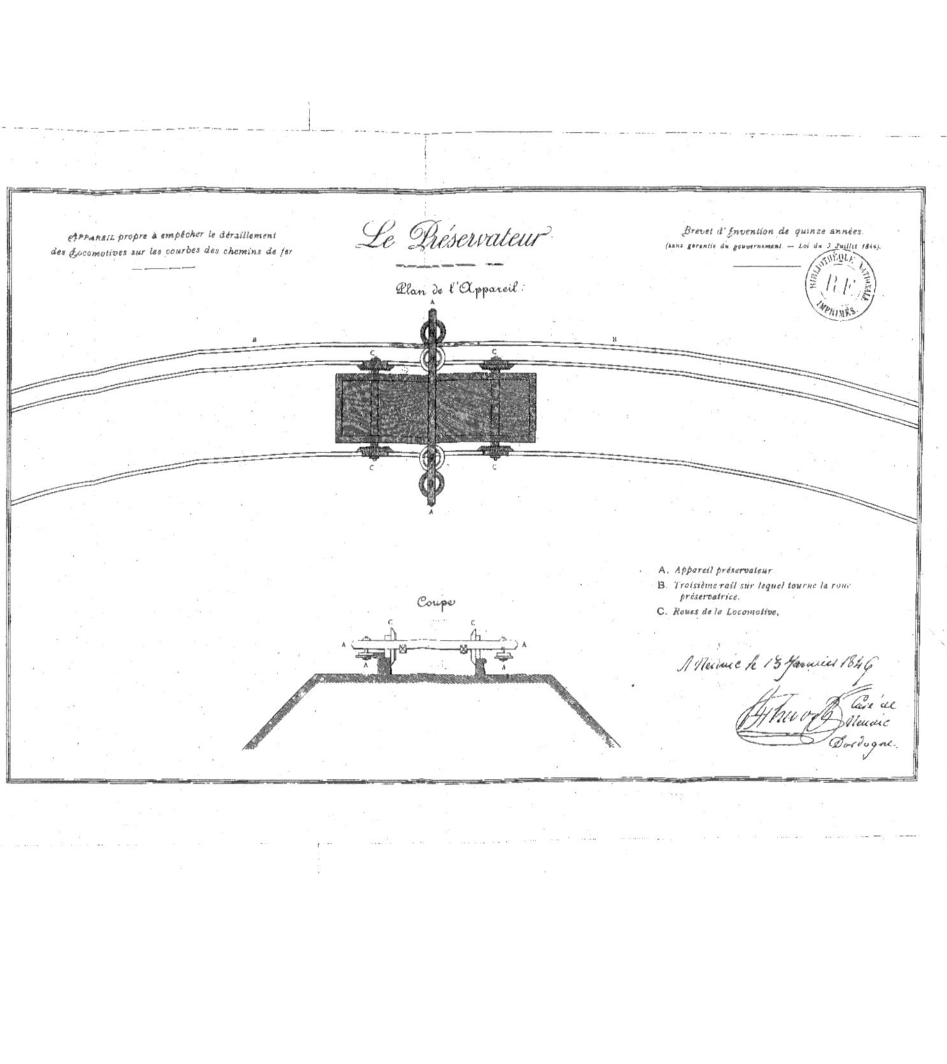

Appareil propre à empêcher le déraillement
des locomotives sur les courbes des chemins de fer
Le Préservateur
Brevet d'Invention de quinze années.
(sans garantie du gouvernement. — Loi du 5 Juillet 1844).
Plan de l'Appareil.
A
B
C
C
B
A
C
C
Coupe
C
C
A
A
A
A
A. Appareil préservateur
B. Troisième rail sur lequel tourne la roue préservatrice.
C. Roues de la Locomotive.
A Neuvic le 15 Janvier 1846
Caire de
Neuvic
Dordogne.

IX

M. HIVERT ET SES INVENTIONS

Dans sa paroisse, l'abbé Hivert travaillait « *vigoureureusement* », selon l'expression qui lui était familière. Et néanmoins ce théâtre, assez vaste déjà, ne pouvait suffire à l'activité prodigieuse de ce prêtre de trente ans. Il lui chercha donc d'autres écoulements, d'autres aliments dans des matières un peu étrangères à son état. Je veux parler des recherches de divers genres auxquelles il se livra et des inventions qu'il produisit. Genre de travaux qui lui font le plus grand honneur et aussi au prêtre en général, parce que loin de le déshonorer, ils le montrent sensible, dévoué et s'intéressant au bien-être, à la prospérité et au progrès de la société.

Esprit ingénieux, cultivé, rêveur aussi, imagination vive, jamais en repos, il les tourna du côté des inventions propres à compléter les découvertes modernes ou contemporaines. Et lui, qui nous donnait l'apparence, feinte ou réelle, d'ignorer les opérations arithmétiques, se lança dans la conception et la construction d'instruments qui exigent une précision, une exactitude mathématique. Né ou devenu mécanicien, il inventa des machines qui supposent la connaissance des forces motrices, de leurs lois, de leurs effets et de leur application.

Dans ces travaux, d'ordre tout à fait original, vu son éducation, ses études et son état, il s'orienta vers le million ; il le visa. Et cet objectif fut peut-être un des principaux mobiles de ses recherches. J'en trouve comme une preuve dans une lettre de félicitation humoristique, que lui écrivit un de ses voisins et amis, et que j'aurai l'occasion de citer tout à l'heure en mentionnant l'une de ses inventions.

Il obtint et prit deux brevets, mais ils ne le conduisirent pas au million, au contraire : en effet, payer des annuités de cent francs, sans quoi le privilège était périmé, première charge ; exploiter lui-même son brevet avant deux ans, sans quoi encore, il était périmé, deuxième charge. Aussi arriva-t-il à l'inventeur de ne jouir, pour tout bénéfice, que d'une mince vaine gloire tout éphémère.

I. Poly-lampes. — Dans ses recherches, notre savant eut, pendant quelque temps, pour collaborateur, M. Beyney, son ami, curé de Saint-Aquilin. Ils découvrirent le Poly-lampes, qui consiste dans l'application du verre étamé en glace aux abats-jour des lampes et des reverbères, comme réflecteur de la lumière. En 1846, ils firent en commun une demande de brevet, dont le dépôt fut fait à la Préfecture, le 14 janvier, et le certificat de brevet fut accordé le 16 mars de la même année, pour quinze ans, sans garantie du gouvernement, et signé par le Conseiller d'Etat, secrétaire-général du Ministre du Commerce et de l'Agriculture. Nos deux inventeurs payèrent deux annuités de cent francs, comme il appert d'une quittance du receveur général des finances. Mais ont-ils continué à verser leur annuité ? Non, sans doute ; car une lettre d'un M. de Mauléon à l'abbé Hivert, du 5 janvier 1848, nous apprend que, d'après les sages conseils qu'il lui avait donnés, M. Hivert avait laissé tomber son brevet dans le

domaine public, et qu'il était en négociations avec ce Monsieur pour le vendre.

II. LE PRÉSEVATEUR DES DÉRAILLEMENTS. — Entre temps,
notre jeune mécanicien avait découvert un système pour
empêcher le déraillement sur les courbes de chemins de
fer. C'est le *Préservateur*, « appareil qui porte un troi-
« sième rail sur lequel tourne la roue préservatrice. » On
trouvera ci-inclus le dessein de cet appareil dont l'auteur
donne lui-même une sommaire description, « Il consiste
« dans un essieu placé au centre de la locomotive et
« du vagon et aux extrémités duquel viennent s'emman-
« cher deux roues de la forme de celles des locomotives,
« mais beaucoup plus petites et dont l'une tourne horizon-
« talement sur un troisième rail, placé verticalement au-
« dessus du rail extérieur de la courbe. Cet appareil per-
« met de réduire considérablement le rayon des courbes
« sur les chemins de fer à construire. »

Ravi de sa découverte sur laquelle reposaient les plus
riches espérances, M. Hivert sollicite un brevet dont la
demande déposée à la Préfecture le 16 janvier 1848, fut
signée le 16 mars, par le Ministre du Commerce et de
l'Agriculture. Ce titre lui est délivré à ses risques et périls
et sans garantie soit de la réalité, de la nouveauté et du
mérite de l'invention, soit de la fidélité ou de l'exactitude
de la description.

Notre inventeur a-t-il payé ses annuités de cent francs ?
A-t-il exploité son *Préservateur?* Je l'ignore. Il l'a aban-
donné sans doute et pour cause. Car le million ne venait
pas, ce million si désiré, si escompté d'avance, comme
l'on peut en juger d'après l'allusion que je trouve dans la
lettre annoncée plus haut, écrite au sujet de cette invention à M. Hivert, breveté, par M. Balsels, curé de Saint-
Vincent-de-Connezac : « Vous seriez bien aimable, lui dit-
« il, si vous pouviez m'envoyer la locomotive de nou-

« velle invention qui me serait fort utile, mon cher ami,
« pour arriver plus tôt, vous embrasser et vous féliciter
« de votre réussite, et prendre ma part des *millions in*
« *partibus* que vous en attendez. Mais laissons la plaisan-
« terie et les châteaux mêmes de mon pays (1). Que les
« millions remplissent les coffres de Louis-Philippe, que
« les châteaux d'Espagne s'écroulent ! faites-moi dîner et
« travaillez après, d'imagination et de corps, à vos rêves
« de mécanique.

« Tout à vous, votre ami *ex corde*,

« BALSELS, curé. »

III. LES BALLONS. — L'esprit de l'abbé Hivert est toujours en travail ; il cherche, il réfléchit, il ajuste, il com-
bine, il trouve, et, quand il croit avoir trouvé, il veut
exploiter son invention.

Le voici maintenant occupé de la direction des ballons.
De la terre montant dans les airs, il croit avoir découvert
le moyen de diriger les navires aériens. Il expose son
système dans une lettre à M. X... Cette lettre ne porte ni
date, ni nom de destinataire, ni dessin du système.

« Monsieur, daignez avoir la bonté de me permettre de
« vous offrir le dessin d'un système de direction des
« ballons que je crois nouvelle et efficace.

« Je place sur l'arrière de la galerie, au milieu, un
« pivot auquel je suspends une corde ; j'attache au-dessous
« une poulie très petite ; la charnière qui la retient lui
« permet de présenter le front en avant à droite ou à
« gauche ; la corde est au milieu de l'arrière de la gale-
« rie ; au bout de cette corde est attaché un poids (de
« plomb ou de fonte) proportionné à la force du ballon.

« Sur le point d'appui de la galerie se trouve un levier
« qui fait manœuvrer la corde à droite ou à gauche

____

(1) M. Balsels était Espagnol.

« suivant la direction que l'on veut donner au ballon. Le
« levier soulevant la corde de côté, et le poids l'attirant
« toujours au milieu en ligne perpendiculaire, il me sem-
« ble que le point d'appui est trouvé. Le levier joue
« comme un gouvernail pour conduire un bâteau, et,
« pour imprimer la direction que l'on veut obtenir, il
« suffit d'un léger mouvement.

« Ai-je réussi ou n'ai-je pas réussi? Je l'ignore; vous le
« saurez avant moi. Si mon système peut être de quelque
« utilité et que vous jugiez à propos de faire un rapport,
« je vous prie de m'en donner avis.

« Daignez agréez, etc:

« P. B. Hivert, »

Si le système de notre inventeur n'a pas eu de succès,
il aurait pu du moins dire aux hardis aéronautes ce que
L. Veuillot écrivait à l'un de ses amis, qui allait tenter
une ascension en ballon : « Si vous descendez trop vite,
« jetez votre ancre en haut; un cri et Dieu vous compren-
« dra! Il est Père! »

IV. Système pour remorquer les bateaux. — La lumière doublée d'intensité par le réflecteur, la sûreté sur
les voies ferrées, la direction assurée dans les voies
aériennes ont tour à tour occupé l'ingéniosité d'esprit de
l'abbé Hivert. Le voici maintenant travaillant à la remorque des bâteaux qui voguent sur l'élément liquide; le feu,
la terre, l'air et l'eau, la nature entière le sollicite.

Voici donc qu'il a imaginé un système de remorquer les
bâteaux, en particulier sur la rivière de l'Isle, de
Libourne à Périgueux, et *vice-versà*. Par ce moyen, il
abrège singulièrement la durée du trajet d'une ville à
l'autre; il garantit des économies et même des profits
considérables. Aussi poussé par le désir d'en faire jouir
et bénéficier ses concitoyens, il adresse à l'Assemblée
Nationale de la deuxième République une pétition accom-

pagnée de la description de son système, avec les avantages qui en résulteraient.

« Pétition à l'Assemblée Nationale afin de demander la
« nomination d'une commission pour examiner un sys-
« tème de remorquer les bâteaux sur la rivière de l'Isle
« (Dordogne).

   « Messieurs les Représentants,

« J'ai l'honneur de vous soumettre un nouveau système
« de remorque. Il s'agit d'employer la chûte des barrages
« comme force pour mettre en mouvement une roue. A
« l'arbre de cette roue est attachée une corde qui se pro-
« longerait jusqu'à l'autre écluse ; aussitôt que le bâteau
« qui monte se trouve arriver dans le bassin, on attache
« la corde ; la roue de l'écluse supérieure est mise en
« mouvement ; la corde s'enroule autour de l'arbre et le
« bâteau est forcé de remonter avec elle. Le dessin
« qui accompagne ma pétition vous expliquera ma
« pensée mieux que je ne pourrais le faire. Il faudrait
« établir des bâteaux pour que la corde suivît les sinuo-
« sités de la rivière, et ces bâteaux seraient attachés
« à des poulies ou plutôt à des viroles et la corde roule-
« rait sur elles. Sur la rivière de l'Isle, les barrages
« ne sont qu'à deux mille mètres de distance les uns des
« autres ; mais je crois qu'il serait facile d'appliquer mon
« système partout où il y aurait des barrages, par consé-
« quent une chute d'eau. On pourrait employer le genre
« de roues qu'on voudrait, horizontales ou verticales,
« à godet ou à turbine ; ce serait l'affaire des ingénieurs.

« Voici les avantages de mon système, appliqué sur la
« rivière de l'Isle. 1º Les bâteaux mettent six à sept jours
« pour aller de Libourne à Périgueux, c'est-à-dire pour
« faire trente lieues. Avec mon système, il ferait le
« voyage dans un jour, une fois que le service serait
« organisé, comme je le conçois. 2º Il ne faudrait plus de
« chevaux pour remonter les bâteaux ; 3º l'administration

« pourrait laisser croître des arbres sur les bords de
« la rivière et ce serait une ressource pour les riverains
« et les pauvres ; qui sait ce que pourrait valoir le pro-
« duit de ces arbres sur deux lignes de trente lieues cha-
« cune ? 4° les produits du chemin de halage s'augmente-
« raient de deux tiers, et, sur une pareille étendue, ce ne
« serait pas peu de chose ; 5° on n'aurait pas à redouter
« les éboulements ; les arbres les empêcheraient.

« Animé du désir d'être utile à mes concitoyens, j'ai
« l'honneur, Messieurs les Représentants, de vous prier de
« vouloir bien prendre ma pétition en considération.
« Je crois que mon système sera pour nous très avanta-
« geux pour les bâteaux à vapeur sur notre rivière.

« Daignez agréer, etc. »

« La déperdition de l'eau, qui alimenterait la roue,
« serait de suite remplacée par l'eau qui alimenterait la
« roue supérieure. A chaque écluse, il y aurait un fil de
« fer qui correspondrait à la maison éclusière d'amont, et
« mettrait en jeu une petite cloche qui avertirait le garde
« qu'il faut lever la pelle et faire jouer la roue.

« Il pourrait y avoir deux cordes de décharge d'une
« écluse à l'autre, et le bâteau qui monterait emmènerait
« avec lui celle qui déjà aurait été employée ; même
« chose aurait lieu pour la descente des bâteaux. »

L'abbé Hivert, par la grande perspicacité de son esprit,
n'était-il pas comme un précurseur ? Si, à cette époque,
on avait eu découvert le procédé des signaux électriques,
le système de notre inventeur aurait été plus praticable
et plus certain du succès. Ajoutons que depuis lors on a
trouvé le moyen, sur les voies ferrées, d'ouvrir et de
fermer les barrières, par une roue-manivelle, d'une station
quelconque jusqu'à la première maison du garde-barrière ;
ce qui a permis la suppression de plusieurs de ces
employés.

V. Machine a battre le blé. — On ne nous pardonnerait pas dans la contrée, et nous serions sans excuse, si nous négligions de mentionner une machine à dépiquer que notre inventeur avait fait construire. Elle était, dit-on, très connue et convoitée à Neuvic. Mais, assure-t-on, le propriétaire ne la prêtait que peu ou point du tout, et ce pour diverses raisons. Il la fit transporter à Badefols, à la suite de son mobilier, et elle est restée trente-deux ans reléguée au fond du grenier du presbytère. Jamais il ne m'avait dit un mot de cette curieuse machine, et ce n'est qu'après sa mort que, visitant les combles de la maison, j'aperçus ce vieux instrument, un peu en mauvais état, on peut le croire. Je n'entreprendrai pas d'en faire la description, n'étant point certes mécanicien. Mais comme je me demandais tout haut, ainsi que d'autres visiteurs, à quoi il pouvait servir, l'un d'eux, habitant du bourg de Badefols, nous expliqua le mystère : c'est nous dit-il, une machine à battre le blé. M. le curé, peu après son arrivée parmi nous, nous l'avait montrée en nous en indiquant la destination et le fonctionnement. Et, ajouta-t-il, c'est moi qui l'ai achetée, et je me propose de m'en servir l'an prochain.

Enfin, je ne dois pas omettre de dire un mot d'un autre problème dont la pensée ou la solution a grandement travaillé, tourmenté l'esprit de l'abbé Hivert. Il rêvait donc de trouver le *mouvement perpétuel*, c'est-à-dire ce mouvement qui, une fois imprimé, persévérerait toujours le même, sans aucun changement, sans augmentation ni diminution ni interruption. Vains efforts pour lui comme pour tant d'autres ! Et le problème sans doute ne sera jamais résolu ! Oh ! c'est pour le coup que le million, avec le bonheur, tomberait dans les mains du très heureux inventeur !

Le million et le bonheur ! Peut-être, hélas ! On voit rarement, en effet, les inventeurs « bénéficier de l'avan-

« tage d'exploiter eux-mêmes leurs brevets et de perfec-
« tionner leur appareil. » Et ceux qui, par suite de leurs
inventions « ont connu les joies de la fortune sont une
« exception plus rare encore. » Hughes, l'anglais *américa-
nisé*, qui a inventé les ingénieux procédés pour transmettre à de longues distances des dépêches en caractères
d'imprimerie, a vu la fortune lui sourire et lui arriver.
« Nobel, à qui l'on doit la poudre sans fumée, est mort
« très riche ». « Giffard, qui était né pour inventer,
« comme d'autres pour dire des sottises, et qui réalisa
« l'idée prodigieuse de suspendre à un ballon dirigeable
« une machine à vapeur, Giffard gardait chez lui un
« million d'or dans un coffre. » Encore une fois ce sont là
de rares exceptions. Et combien d'autres, après avoir
appliqué ainsi l'activité de leur esprit, non seulement
n'ont pas eu la chance de la fortune, mais de plus « ont
« subi la torture du vol et de la raillerie ! »

Quant à notre héros, si, possédé par l'esprit d'invention,
il n'a pas connu le million, il n'en a nullement souffert, et
nous verrons au chapitre suivant l'usage qu'il en eût fait.
Il n'a pas subi non plus la torture du vol ni de la raillerie,
sauf peut-être quelques bénignes plaisanteries de ses
confrères, que d'ailleurs il acceptait gracieusement. Pour
lui, l'essentiel, était d'occuper agréablement l'activité
prodigieuse de son esprit.

Nous allons le suivre dans de nouveaux développe-
ments.

TROIS APPENDICES CURIEUX

1º LE THÉÂTRE ET LE FEU. — Voici maintenant notre mécanicien se lançant vers le théâtre, non point certes en
auteur ni en acteur, pas même en spectateur; comme il le
dit lui-même, « prêtre, il n'a jamais vu un théâtre. » Mais
il a lu dans les journaux la relation d'incendies arrivés

assez fréquemment sur la scène. Son cœur s'en est ému sans doute, et guidé par un sentiment d'humanité doublé de charité chrétienne, son esprit inventif s'est mis à l'œuvre pour imaginer un moyen facile de prévenir ou d'arrêter les sinistres de ce genre.

Et voilà qu'en 1870, sous le coup de quelque accident semblable arrivé tout récemment, croyant avoir trouvé ce moyen, il se met en campagne pour le suggérer et le faire adopter. Il écrit à M. le Ministre des Beaux-Arts, lui communique et soumet ses vues.

> « Badefols, le 1er février 1870.
>
> « Monsieur le Ministre,
>
> « Je suis prêtre, par conséquent je n'ai vu jamais aucun
> « théâtre ; mais très souvent j'ai lu dans les journaux que
> « des actrices avaient été victimes d'un incendie. Je n'ai
> « pas pris note de tous les cas, mais si ma mémoire
> « ne me fait pas défaut, ces malheurs ont été très nom-
> « breux. Il me semble qu'il serait possible et très facile
> « d'imposer à chaque administration théâtrale l'obligation
> « de payer un pompier, qui dans un coin du théâtre
> « aurait toujours la main prête à faire jouer la pompe, et
> « instantanément, aussitôt que la robe de l'actrice ou de
> « la danseuse prendrait feu, la couvrirait non pas d'une
> « *pluie d'or*, mais, ce qui vaudrait infiniment mieux,
> « d'une pluie d'eau.
>
> « Trois ou quatre francs par soirée pour le pompier
> « seraient une somme bien minime pour l'administration
> « du théâtre.
>
> « Daignez agréer, etc.   « B. Hivert ».

Puis le signataire et auteur de la lettre donne son adresse afin que M. le Ministre puisse lui dire l'accueil fait à son ingénieuse et charitable communication. Mais cette démarche a-t-elle jamais eu une réponse ? Un silence profond l'a ensevelie dans l'oubli sans nul doute.

D'autant plus que, lecture faite de cette pièce, on

se demande si vraiment elle est sérieuse. N'a-t-elle pas l'air d'une raillerie à l'adresse du Ministre et des directeurs de théâtre ? « Comment, semble-t-il leur dire, vous « avez de l'eau, vous avez des pompiers dans vos villes de « spectacles, et vous ne savez pas prévenir un incendie « ou l'arrêter ? Quoi de plus facile que d'assurer un « service prompt et énergique ? Mais l'or qui resplendit « sur les lambris dorés de vos salles, sur les épaules « de vos danseuses, dans les mains de vos acteurs, cet « or, entaché peut-être de crimes, malgré tout son éclat, « cet or, non, ne vous garantira pas des atteintes de la « flamme dévorante. Aveugles et imprudents, appelez « donc là, à côté de vous, un de vos braves pompiers, « approvisionné d'eau et muni d'instruments idoines, et « cantonnez-le au fond de quelque loge d'acteur ou dans « le coin de quelque coulisse, toujours l'œil au guet « et prêt à fonctionner au moindre danger. Vous veillerez « ainsi à la sûreté de ceux qui, courant, avides, aux « jouissances de la scène, s'exposent aussi très souvent à « la proie des flammes.

« *Erudimini !* Instruisez-vous ! vous les sages, et les « heureux du siècle ! Et faut-il que ce soit un prêtre, un « ignare des choses de vos spectacles, qui vienne vous « suggérer un procédé qui certes n'a rien de bien malin : « Faites donc provision d'eau ! Elle vous sera plus utile « que l'or, tombât-il en pluie ! »

Remercions M. Hivert de nous avoir servi cette sorte d'antithèse très spirituelle, et si en l'employant il a voulu, ironique, ridiculiser les personnages scéniques, avouons que le trait est bien réussi. Il a frappé juste, et sans doute sans riposte ou réplique. Mais peut-être ont-ils rioté sans témoin ?

2° Les poules à *assauvagir ?* — Nous trouvons ici l'abbé Hivert se livrant à des recherches d'un autre genre. Il faut le suivre dans les basses-cours, où gloussent les poules, et dans les forêts où court le gibier. Quoi donc? s'occuper de la gent volatille, mais c'est s'abaisser! Et pourquoi? Est-ce que Charlemagne ne descendait pas aux détails du ménage? il ne dédaignait pas de s'occuper même des habitants de la volière.

Or, l'esprit investigateur de l'abbé Hivert fut hanté longtemps par ce problème : ne pourrait-on pas faire passer les poules à l'état sauvage *(les assauvagir?)* et obtenir ainsi un nouveau gibier? Et quel serait le moyen propre à atteindre ce résultat? Maintes fois on l'avait entendu émettre des théories là-dessus, mais l'on ne se serait point douté des démarches auxquelles il se livrait à ce sujet. Tandis qu'il court après la solution du problème qu'il caresse, l'idée lui vient de s'adresser au Directeur du Jardin Zoologique d'acclimatation du Bois de Boulogne, et au mois de janvier 1884, il lui écrit une lettre que nous n'avons pas, mais qui lui valut la réponse suivante:

« Bois de Boulogne, le 17 janvier 1884.

« Monsieur l'Abbé,

« J'ai sous les yeux la lettre que vous m'avez écrite le
« 14 courant. A différentes reprises déjà on a essayé
« d'ajouter les poules au gibier naturel. Des croisements
« ont été faits dans ce but, avec des sauvages importées
« des forêts de Java et de l'Inde ; mais jusqu'à présent,
« ces tentatives n'ont pas été couronnées de succès. Ces
« échecs sont assurément regrettables, car il eut été inté-
« ressant de donner au chasseur un nouveau gibier d'un
« tir très agréable. L'isard et le chamois appartiennent à
« la même espèce; l'isard est tout uniment une variété
« locale.

« Agréez, Monsieur l'abbé, etc. « *Le Directeur.....* »

L'abbé Hivert, devenu ornithologiste ou *gallinalogiste*, continue sa correspondance avec le Directeur du Jardin Zoologiste et lui envoie une lettre où nous lisons :

« Badefols, le 9 février 1884.

« Monsieur le Directeur,

« Votre lettre du 17 janvier m'a fait grand plaisir en
« m'apprenant qu'on s'était déjà occupé d'ajouter les
« poules au gibier par le moyen des croisements et on
« n'a pas pu réussir.

« Permettez-moi de vous indiquer un moyen ou plutôt
« deux pour rendre sauvages des poules domestiques.

« 1° Vous êtes en correspondance avec toutes les parties
« du monde, nous sommes bientôt au printemps ; les
« perdrix vont couver. Eh bien ! aussitôt qu'on pourrait
« trouver un nid de perdrix, il faudrait enlever les œufs
« et mettre à la place des œufs de poule ; avec des pré-
« cautions la perdrix continuerait de couver les œufs,
« croyant que ce sont les siens ; aussitôt éclos, la perdrix
« qui comme la poule, est granivore, les élèverait, etc...
« M. le maire de notre commune, qui est un chasseur
« émérite, m'a promis de tenter l'épreuve cette année.

« 2° Puisque la question d'argent n'est rien pour la
« Société d'Acclimatation, pourquoi ne consacrerait-elle
« pas quelques milliers de francs pour acheter des œufs
« éclos au moyen de la couveuse artificielle, puis on les
« porterait au milieu de la forêt, loin des habitations ; on
« leur donnerait quelque peu de grain pour les premiers
« jours, et après ils sauraient bien se procurer leur
« nourriture. On pourrait essayer le premier moyen en
« France et aussi dans les grandes forêts de l'Amérique.
« Votre Société rayonne partout. Quand bien même sur
« cent poulets il ne s'en sauverait que trente, ce serait
« tout de même une partie gagnée. Les chiens, qui sont
« animaux domestiques par excellence, sont bien devenus
« sauvages lorsque les Espagnols, après la conquête, les
« laissèrent dans les forêts.

« Daignez, etc.

« B. Hivert. »

La correspondance entre les deux ornithologistes se continua-t-elle ? Je l'ignore. Toujours est-il que dans la même année 1884, M. Hivert se mit en relation avec le Congrès ornithologique tenu à Vienne, en Autriche, et le 10 mai il reçut du secrétariat une lettre que je reproduis :

« Monsieur,

« On ne pouvait naturellement pas décider cette ques-
« tion, mais on a adopté en rapport les résolutions sui-
« vantes : Il est à souhaiter qu'une examination scienti-
« fique des caves à ossements dans la Chine de l'Ouest
« prenne place en relation avec la paléontologie de la
« poule domestique. — Les stations d'observations orni-
« thologiques, que le Congrès a pris en perspective,
« seront chargées de rechercher chez toutes les nations du
« globe les races et espèces de la poule domestique. —
« Sur le second congrès international à Londres, en
« 1887, la chose sera encore prise en discussion.

« Agréez, monsieur, etc.

« Gustave de HAYEK. »

3° LA PÊCHE. — La pêche a également occupé les loisirs de M. Hivert ; il l'aime passionnément ; il est admirablement situé pour exercer cette industrie ou se livrer à ce passe-temps non moins agréable qu'utile. Il a en conséquence fait l'acquisition d'un matériel de pêche peu ordinaire. Les engins de pêche ne lui suffisant pas, il se sert également d'armes à feu, et le poisson n'a qu'à se bien tenir ; une décharge l'atteindra juste, pour le foudroyer et le coucher dans l'eau, son élément, partie du haut du balcon du presbytère qui domine la rivière. Il se fit ainsi la réputation de grand et habile pêcheur, voire même de chasseur de poisson. Mais s'il aimait l'hameçon et le poisson, il portait aussi grand intérêt aux pêcheurs, et, à plusieurs reprises, il prendra leur cause en main devant l'administration Sur le droit de pêche, un point travaillait son esprit, d'accord en cela avec les gens de cette profession. Il n'était pas partisan du monopole de l'Etat, et il aurait voulu pour la pêche, de même que pour la chasse un permis non localisé ou limité, mais avec lequel on aurait pu pêcher comme chasser partout.

En 1870, il fait part de son plan de réforme sur ce point à M. Jules Simon, et, par son intermédiaire à MM. les députés. Il leur dit :

« Messieurs les Députés,

« L'année prochaine, dans beaucoup de régions, on va
« mettre la pêche en adjudication. Il me semble qu'il
« serait plus avantageux, et pour le ministre des finances
« et pour la conservation du poisson, de faire pour la
« pêche comme pour la chasse, c'est-à-dire de donner des
« permis. Cela ne changerait rien au mode de surveil-
« lance, et il me semble que ce serait plus démocratique.
« Aujourd'hui, avec le mode actuel, s'il plaisait à un
« homme riche d'affermer la rivière (puisque je suis
« sur les bords de la Dordogne) depuis sa source jus-
« qu'à Libourne, il pourrait empêcher tous les riverains
« de pêcher, si cela lui faisait plaisir. Avec un permis
« comme pour la chasse, on pourrait pêcher en France
« sur toutes les rivières. Et n'est-il pas singulier et anti-
« démocratique que si quelqu'un de MM. les députés me
« faisait l'honneur d'accepter l'hospitalité chez moi, pen-
« dant vingt-quatre heures, il n'eût pas la permission de
« lancer un coup d'épervier ? J'ai dit que serait le seul
« moyen de respecter la fraie du poisson, et nous avons
« l'exemple des Etats-Unis où il n'y a pas de temps pro-
« hibé pour la pêche, et où les pêcheurs d'un commun
« accord ne pêchent pas pendant ce temps là. »

M. Jules Simon, ainsi mis en cause et sollicité par notre amateur de pêche, s'empressa de l'informer qu'il avait pris note de ses *desiderata*, et qu'il allait s'occuper de l'affaire. Heureux de ce concours promis, le client de

M. J. Simon lui écrit une seconde lettre le 1er février 1870.

« Merci et mille fois merci, puisque vous avez eu la
« bonté de prendre note de ma lettre relativement à
« la pêche. Le point capital est d'abolir le monopole
« et d'obtenir de l'Administration un permis pour la
« pêche comme pour la chasse, et qu'on puisse, avec ce
« permis, pêcher dans toutes les rivières de France,
« en se conformant aux règlements établis. Je suis au
« milieu d'un peuple de pêcheurs (rivière de la Dor-
« dogne) et je vous fournirai tous les renseignements
« nécessaires.

« Daignez, etc...

« P.-S. — Si jamais votre bon ange ou plutôt mon bon
« ange vous conduisait dans nos parages, je serais singu-
« lièrement heureux de vous offrir l'hospitalité. »

Ceci se passait en 1870. De grands évènements avaient
alors bouleversé la France, et force fut de s'occuper
de questions plus sérieuses. La question de la pêche,
enterrée un moment, mais non oubliée, resta toujours
vivante dans l'esprit de l'abbé Hivert, le pêcheur si connu
de Badefols. Après de longues années écoulées depuis ses
démarches auprès de M. J. Simon, il revint à la charge en
1884, et c'est par M. Garrigat, député de Bergerac, qu'il
remit l'affaire sur le tapis et en saisit la Chambre. A ce
député il adressa, pour lui recommander deux affaires,
une double lettre, dont l'une renferme une pétition
des pêcheurs du voisinage.

En accusant réception de ces deux lettres, le député
dit à M. Hivert : « Monsieur le curé, je serais très heu-
« reux de m'occuper des deux affaires que vous me recom-
« mandez. Aujourd'hui même je déposerai sur le bureau
« de la Chambre la pétition des pêcheurs qui sollicitent
« une faveur qu'ils ont déjà ; seulement, au lieu de payer

« la licence à l'Etat, ils la payent au concessionnaire,
« qui, il est vrai, peut la refuser, je crois.

« Veuillez agréer, etc.

« GARRIGAT, *député de Bergerac*.

« Paris, le 25 janvier 1884. »

Nous pouvons maintenant, après ces longues et diverses
excursions, laisser notre héros sur ce chapitre, où nous
l'avons vu, en l'admirant, non seulement « se mettre au
« courant de la science, des découvertes et des œuvres
« du siècle » (1), mais bien plus, travailler activement lui-
même pour contribuer aux progrès de la société dans
une foule de branches, qu'embrassait son esprit d'une
étendue et d'une pénétration peu ordinaires.

----

(1) M. le chanoine Sagette, article nécrologique.

X

M. HIVERT ET LE MILLION

Le pauvre et le millionnaire se sont rencontrés et embrassés en M. Hivert, qui a ainsi trouvé le secret de concilier ce qui s'exclut mutuellement, comme le feu et l'eau. On peut dire de lui, en effet, qu'il a été pauvre, et millionnaire tout à la fois ; pauvre, non point réellement certes, car il a toujours eu de quoi satisfaire à ses besoins et se passer même certaines fantaisies ; mais il fut pauvre dans son genre de vie marqué en tout au cachet du détachement, du mépris du luxe et des richesses, des honneurs et de toute distinction. D'autre part, il fut millionnaire, non point réellement, tant s'en faut, mais par ses désirs, désirs insatiables, oserai-je dire, dont les jets sans cesse renouvelés étaient comme l'effet d'un prurit rongeur d'or et d'argent. Il chercha l'argent, et dire les moyens qu'il mit en œuvre pour arriver à son but, et l'usage qu'il fit de ses ressources, c'est confirmer une fois de plus la note caractéristique d'originalité de cet homme, et c'est en même temps produire un sujet de profonde édification.

I

MILLIONNAIRE

M. Hivert a donc rêvé du million ; nous l'avons déjà constaté, quand nous l'avons montré entreprenant la conquête de cette toison d'or par ses travaux de mécanique et autres. Tel encore il nous est apparu dans l'usage qu'il faisait de la pratique des vœux pour réaliser son rêve chéri. Il ne s'en cachait pas du reste, et combien de fois nous a-t-il confié que, dans l'espoir de saisir tôt ou tard ce million, il disait chaque jour une dizaine de chapelet ! Ici maintenant, à la suite de ces petites ou grandes industries employées dans ce but, il faudrait rapporter en détail les lettres, les démarches, les visites et mille autres moyens, dont il savait user, comme d'un ressort puissant, qu'il faisait admirablement jouer avec une habile simplicité. Bornons-nous à trois chefs principaux.

I. — Première spéculation : les loteries. — Il y prit, en effet, et acheta des billets innombrables. Toutes portaient le titre de loteries de bienfaisance, alléchant, il est vrai, pour sa charité ; mais la chance d'y gagner était un appât non moins séduisant pour la sainte convoitise. S'il avait en vue la bonne œuvre, il visait aussi le gros lot ou quelqu'autre de valeur. Ainsi,

En 1852, il prend part à la *Grande Loterie nationale*, au profit des caisses de secours des associations des Lettres et des Arts, par un billet de série qui concourt au gros lot ;

Déjà en 1844, il avait pris un billet de la *Loterie du royaume de Saxe*, au prix de 240 francs, billet qui était bon pour tous les tirages ;

En 1853, nous le trouvons participant à la *Loterie Toulousaine*, dont il prit cinq billets, avec la chance du gros lot de 100.000 francs ;

En 1855, il a mis à la Loterie de bienfaisance du *Vase d'argent*, courant la chance de gagner le lot de 80.000 francs ;

En 1859, il participe à la *Loterie des orphelines* avec cinq billets pouvant gagner 100.000 francs ;

En 1865, il participe à la *Loterie des enfants pauvres* de la ville des Andelys, dont il prit vingt billets, avec la chance du gros lot de 150.000 francs.

En 1889, il prit à la *Tombola de l'Exposition de Paris*, cinq billets qu'il reçut de M. Charton, l'expéditeur, avec ces paroles flatteuses ; « Je puis vous assurer, monsieur « le curé, que je souhaite de tout mon cœur qu'à défaut « du gros lot, vous ayez la chance d'en gagner un des « plus importants, sachant très bien qu'il ne saurait être « mieux placé. »

En 1889 également, il participe à la Loterie de bienfaisance au profit des *ouvriers de Bessèges*, etc., avec cinq billets pouvant gagner le gros lot de 200.000 francs ;

En 1890, il prend cinq autres billets de la même loterie ;

Enfin en 1896, il participe à la *Loterie de Bordeaux*, à l'occasion de la treizième exposition de cette ville ;

Et songez qu'il a pu donner son nom à beaucoup d'autres loteries, et que s'il avait eu de la chance dans ces sortes de jeu, il serait facilement arrivé au million convoité. Hélas !!!

II. — Deuxième spéculation. — L'abbé Hivert essaya, en second lieu, de prendre des actions ou obligations à plusieurs Compagnies. Ainsi,

En 1850, il prit dix actions pour cinq cents francs dans la Compagnie l'*Aurifère*, pour l'exploitation des mines de la Californie ;

En 1855, il prit dans la Compagnie d'Orléans, pour le chemin de fer de Saint-Rambert, treize obligations s'élevant à 3.802 fr. 50.

En 1865, il prit des obligations au *Crédit mobilier* sur la ville de Paris. Il renouvela ou continua cette même opération financière dans les années 1866, 1867, 1868 et 1869.

Mais que sont devenues ces actions ou obligations ?... Qu'ont-elles produit ?... Le million visé n'en est point sorti. On peut hardiment l'affirmer.

III. — Troisième industrie. — Cependant M. Hivert a plusieurs cordes à son arc et il les manie toutes avec dextérité, si ce n'est avec succès. Il a plusieurs batteries et il les fait marcher de front. Voici, en effet, une troisième industrie qu'il a employée pendant près de trente ans, non point sans doute pour arriver à des millions, mais pour se procurer des ressources pour lui et ses pauvres. Ce sont de nombreuses lettres de demande d'argent et de secours que le dépouillement de ses vieux papiers a amenées sous ma main.

Ces lettres sont adressées, les unes à divers personnages, les autres à l'Etat. Elles sortent presque toutes du même cliché, ayant le même fond, et à peu de chose près, la même forme. Le postulant y expose son âge avancé, ses infirmités, ses besoins, disant : qu'il a vécu au jour le jour ; que Dieu lui a fait la grâce de ne faire aucune économie ; qu'il n'a rien mis ni à l'ombre ni au soleil, etc. Plusieurs de ces lettres renferment certaines réflexions, tournures ou expressions originales, comme une phrase stéréotypée. C'est le passage, c'est le trait destiné par l'auteur à frapper l'esprit du personnage sollicité, et à l'obliger, pour ainsi dire, à le décider du moins, à accorder la faveur demandée.

De ces lettres nous lirons avec plaisir quelques extraits, afin d'y souligner maintes tournures ingénieuses qui révèlent les riches ressources d'esprit de l'abbé Hivert.

1º Lettres a divers personnages. — C'est d'abord une lettre à M. X..., en tête de laquelle on lit : « *Tentare non* « *nocet, sed aliquando non tentare nocet* »..... Puis : « Je ne « demande pas une forte somme ; je ne puis mieux l'ex-

« primer que par la *Lenticulam olei quo Samuel sacrat*
« *Saül.* »

En second lieu, une lettre du 3 février 1885, à la
duchesse de Galliéra, d'origine génoise, fille du duc de
Brignole-Sale, sous le nom de laquelle existe un musée
à Paris. La réponse du secrétaire de la princesse est très
évasive, sans refus formel, mais aussi sans aucune lueur
d'espoir.

C'est, en troisième lieu, une demande adressée à la
duchesse d'Uzès, celle-là même qui fut, dit-on, mêlée au
mouvement boulangiste, et qui passe pour un peu excen-
trique, mais à la tête d'une fortune énorme et très bien-
faisante. Avec un mot de sympathique intérêt sur une
carte de visite, elle envoie vingt francs au solliciteur !
Vingt francs ! Mais,

> Encor nous voici loin, bien loin du million !
> À peine, hélas ! point-il au lointain horizon !

En 1897, l'abbé Hivert va frapper à la porte de la comtesse de Castellanne, dont il a appris par les journaux, le
mariage. Il lui dit que ce jour-là il a offert la sainte messe
pour elle et pour *lui*. Cette attention toute spontanée n'a
sans doute pas touché le cœur du jeune couple, et la
lettre est restée sans réponse. Notre demandeur, que le
silence, fût-il d'or, ne lasse ni décourage jamais, revient à
la charge l'année suivante, en mars 1899, peu de mois
avant son décès, il s'exprime ainsi :

« Grâce pour l'écriture ! *j'ai quatre-vingt-quatorze*
« *ans !*..... Vous avez des milliers de raisons pour ne pas
« me répondre ; mais j'en ai une qui met à néant toutes
« les autres ; c'est votre bon cœur, et le désir et la passion
« que vous avez de faire du bien. Vous l'avez surabon-
« damment prouvé. »

Vous l'avez surabondamment prouvé ! Était-ce là une
flatterie dirigée vers le cœur de la comtesse ? Tout flatteur

vit au dépens de celui qui l'écoute ! Ou bien, était-ce un
merci pour quelque libéralité déjà accordée ? Si je l'ignore,
je doute cependant qu'il ait jamais rien reçu d'elle. On
peut le conjecturer de cette parole qui ouvre la lettre :
vous avez des milliers de raisons de ne pas me répondre.
Elle n'avait donc pas répondu et elle ne répondit pas !

Et maintenant, lecteur, avec le chercheur de million,
passons en Amérique ; nous l'y trouverons peut-être plus
heureux.

En 1880, il apprend, par les journaux, que M. Mackay,
un Américain puissamment riche, a failli être victime d'un
lâche assassinat. Sans tarder il lui porte ses sympathiques
condoléances, en lui écrivant : « Aussitôt que j'ai appris
« que ce misérable avait tenté de vous assassiner, j'ai dit
« la messe pour remercier le bon Dieu de vous avoir pré-
« servé du plus grand des malheurs. »

N'ayant reçu aucune réponse, il fit l'année suivante une
nouvelle tentative, « espérant, écrit-il, que plus heureuse
« que la première lettre, celle-ci lui arrivera..... Je vous
« prie, Monsieur de vouloir bien m'accorder vos revenus
« d'une heure ; ce sera pour vous un bien léger sacrifice,
« mais pour moi qui vis, depuis que je suis prêtre, au jour
« le jour, ce sera une fortune. »

On le voit, notre rêveur de million n'y va pas de main
morte. Il demande à M. Mackay *ses revenus d'une heure* ;
ce serait pour lui *une fortune*. Ce Monsieur étant, en effet,
colossalement riche, ses revenus d'une heure eussent
apporté un bon appoint au million convoité. Mais quelqu'originales et si compatissantes que fussent ces deux
lettres, elles ne touchèrent pas le cœur de celui qui avait
vu la mort de si près ; elles restèrent sans succès.

Enfin, en Amérique où nous avons suivi l'abbé Hivert
postulant une parcelle de million, vivait alors aussi une
Anglaise ou Américaine, archimillionnaire, Miss Pontillate. Dans l'espérance d'en obtenir quelque largesse con-

sidérable, il lui écrit le 19 juin 1892 ; mais ignorant son adresse, il écrit en même temps au directeur des Postes de New-York, qui doit la connaître sans doute, et il le prie de lui expédier la lettre incluse dans la sienne. Or le directeur ayant donné avis que la personne nommée dans la lettre était inconnue dans cette ville, notre solliciteur non découragé, mais au contraire toujours soutenu et aiguillonné par l'espoir du succès, tente une nouvelle démarche auprès du directeur des Postes de New-Castle en Angleterre, d'où il lui fut répondu que le nom de Miss Pontillate ne se trouvait pas sur le registre officiel de cette ville.

Infructueuses donc ces démarches obstinées mais dignes d'une issue plus favorable. Et le million, hélas ! ne traversa point l'Océan, pas même la Manche, pour venir aborder au port de Badefols.

2° DEMANDES DE SECOURS A L'ETAT. — Il n'est point question ici de millions ; il ne s'agit que de secours à obtenir pour parer à ses besoins qui se multipliaient avec l'âge et les infirmités. Déjà en 1867, l'abbé Hivert, lors de son arrivée à Badefols, a obtenu une indemnité de trois cents francs pour frais de déménagement. Depuis il continue chaque année de solliciter un secours ; il fait appuyer sa demande par un député, tels que MM. Chavoix, Flourens, Garrigat, Le Myré de Vilers, etc... Et chaque fois il a la chance de se voir allouer une somme variant de deux cent cinquante à trois cents francs.

M. Hivert demande pour lui personnellement, mais il demande aussi pour les pauvres « auxquels il ne sait pas refuser », dit-il. Bien plus, c'est la cause de ces déshérités de ce monde qu'il met en avant presque toujours, et sur laquelle il insiste pour mieux assurer le succès de ses suppliques : note on ne peut plus édifiante chez notre infatigable solliciteur. Afin de mieux la faire resplendir dans tout son éclat, il faut extraire de ces lettres plusieurs passages textuels dans lesquels nous verrons percer toujours, avec des traits d'une saveur plus ou moins piquante, son caractère permanent d'originalité fine, spirituelle et charmante.

En 1886, dans sa lettre au Ministre, il dit :

« Je ne sais pas refuser, lorsqu'un pauvre me demande. « Je n'ai qu'une paroisse de 312 habitants très bons « citoyens, mais laissant à désirer sous le rapport de « la fortune ».

Remarquons déjà : s'il demande pour lui personnellement, il demande aussi pour les pauvres *auxquels il ne sait pas refuser*.

Et dans sa lettre à M. Flourens, pour le prier d'appuyer sa requête, il s'exprime ainsi : « Je ne sais pas quelles « sont vos opinions religieuses, mais soyez sûr qu'aucun « prêtre ne pense à vous aussi souvent que moi, et tous les « jours je dis la quatrième dizaine de mon chapelet pour « vous. La prière ne peut jamais faire de mal ». N'était-ce pas là un trait dirigé vers l'âme de M. Flourens, qui était probablement peu religieux ?

Et au lecteur qui aurait un léger sourire à cette promesse faite à M. Flourens de la quatrième dizaine de chapelet, nous n'aurions qu'à rappeler la réponse de M. Hivert à un ami qui avait pris cette petite liberté : « Croyez-vous, dit-il avec vivacité, que les hommes politi- « ques n'ont pas besoin qu'on prie beaucoup pour eux ? Et « il ajouta avec tristesse : ils ont tant de responsabilité « devant Dieu ! » (1).

En 1895, dans sa lettre de demande au Ministre, l'abbé Hivert dit entr'autres choses : « Il y a assez de pauvres « pour placer le peu d'argent dont un prêtre peut dispo- « ser ». Ainsi, toujours la cause des mendiants invoquée

______

(1) M. le chanoine Eyriniac, article nécrologique.

par M. Hivert comme raison de ses demandes. Et, en effet, en 1894 sa lettre au Ministre nous révèle plus formellement encore l'emploi qu'il fait des secours qui lui arrivent. « Les « pauvres et les ouvriers, dit-il, ne se contentent pas de « bonnes paroles, si on ne leur donne pas quelques sous « et très souvent quelques pièces blanches. »

En 1896 il dit au Ministre auquel il s'adresse : « Je n'ai « fait aucune économie ; il faudrait avoir trop de courage « pour en faire avec cette multitude de pauvres et d'ou- « vriers qui, etc... » Et au député auquel il se recom- mande, il dit : « Si j'avais voulu apprendre la valeur de « deux sous, avec les paroisses que j'ai eu à desservir « (5 ans dans l'une, 32 ans dans l'autre, 26 ans dans « celle que je dessers), j'aurais pu avoir de la fortune ; « mais si j'étais à recommencer, je ferais comme j'ai « fait : vivre au jour le jour. Si mon bon ange et le vôtre « vous inspirent de tirer la conclusion, recevez d'avance « mes remerciements et soyez persuadé que le gouverne- « ment ne recevra rien de ses droits sur ma succession. « Je veux vous redire le joli mot de Bernardin de « Saint-Pierre : *si un prêtre n'obtient pas le bien qu'il* « *demande, il est toujours à sa place, quand il le sollicite.* »

Terminons la série de ces citations par un passage de sa supplique de 1889, qui n'est ni la moins originale ni la moins curieuse : « Il y a quelques jours de cela, j'étais à « Bergerac ; en sortant de l'église, un petit enfant de « sept ans, m'accosta : Monsieur le curé, un petit sou, s'il « vous plaît ; — Je lui dis : Un ou deux, deux ou trois ? « — Trois. — Trois ou quatre ? — Quatre. — Je m'arrêtai ; « il m'aurait conduit ou suivi trop loin. Je lui donnai ses « quatre sous et il courut chez la marchande de pommes. »

Voilà bien encore, voilà bien toujours la cause des déshérités de ce monde. S'il demande, c'est aussi et sur- tout pour cette classe à laquelle il s'intéresse autant qu'à lui-même.

De tels arguments, un langage si original et si simple ne pouvaient qu'intéresser, captiver et ministres et députés; ils en souriaient peut-être tout doucement, sous cape et dans leur barbe, mais ils étaient vaincus : l'allocation était accordée à ce solliciteur peu ordinaire. Bien plus, ils étaient heureux de l'obliger, ainsi que le témoignent ces deux lignes de M. le Myre de Vilers annonçant à l'abbé Hivert un secours de deux cent cinquante francs pour 1899 : « J'espère pendant longtemps encore pouvoir vous faire accorder des allocations spéciales. »

M. Hivert avait fait la connaissance de M. le Myre à Barbe, village de Badefols, où M. le Myre, alors, du temps de l'Empire, sous-préfet de Bergerac, était venu en visite chez M. de Pourquéry, maire de la commune. La physionomie et le caractère de ce prêtre avaient frappé vivement l'esprit du gentilhomme; il ne le perdit pas de vue, et lui rendit plusieurs services auprès des ministres, espérant pouvoir longtemps encore s'employer pour lui.

II

DÉTACHEMENT ET CHARITÉ SANS MESURE

Nous voilà donc maintenant suffisamment édifiés sur la passion de M. Hivert pour le million, pour l'argent du moins. On le prendrait donc vraiment pour un cupide courtier de la fortune. Oui, vous qui ne l'avez pas connu et qui bien vite vous seriez scandalisés en le voyant, après avoir mis quelque argent dans son porte-monnaie, le baiser *pieusement*, dirai-je, si je ne craignais de profaner ce divin et vénérable adverbe. Détrompez-vous ! Il fut au contraire l'homme du détachement complet, outré pour ainsi dire, l'homme d'une générosité sans trop de discernement peut-être, d'une prodigalité poussée à l'excès,

Ecoutons-le nous faisant lui-même la peinture de son mépris souverain des richesses ; c'est dans un sermon à ses paroissiens du 4 janvier 1859 :

« Avec mon caractère déterminé, avec une maison
« comme le presbytère de Neuvic, et une chambre meu-
« blée comme la mienne, la question d'argent n'est rien.
« J'ai pris l'engagement de ne pas m'enrichir et je le
« tiendrai ; mais je me suis réservé la liberté de distri-
« buer ce que j'ai à qui je veux ; je donne comme je le
« veux et comme je l'entends. Je ne me charge jamais des
« aumônes des autres et je n'aime pas charger les autres
« des miennes. Lorsque je refuse, je refuse du mien. Aussi
« je me trouve bien à l'aise pour donner ou pour refuser ;
« je n'ai à rendre compte à personne, et je mets au défi
« tous les pauvres de me faire une réputation d'avarice.
« Quest-ce que ça me fait que l'argent, que je puis tou-
« cher, passe à droite ou à gauche, puisqu'il est convenu
« que je ne dois pas être plus riche à la fin de l'année
« qu'au commencement ? »

Voilà M. Hivert : il aimait avoir de l'argent ; mais pour le jeter, comme une chose vile que l'on foule aux pieds, *ut stercora*. Il aimait le voir affluer vers lui, pour le laisser aller vers les autres, sans trop s'inquiéter des mains où il tombait, pourvu qu'il ne restât pas dans les siennes. Aussi n'a-t-il jamais immolé à la fortune, se gardant bien de lui vouer son cœur et ses espérances. Mais il a immolé la fortune en laissant couler de ses mains les flots d'or qui les inondaient ; *dispersit, dedit pauperibus*. L'or qui arrivait entre ses doigts ne s'y figeait pas, mais tout aussitôt il en ruisselait doucement sur les malheureux qu'il devinait ou qu'il imaginait. Il donnait donc, et plus il donnait, plus il lui était donné ; *date et dabitur vobis* ; et plus ses mains se vidaient, plus elles se remplissaient pour se vider encore et s'emplir de nouveau ; vrai *tonneau des Danaïdes*.

Il donnait donc, il donnait tout et gaiement; et si parfois, vous auriez pu le surprendre faisant à sa porte mauvais accueil à quelque mendiant, attendez ! Ce n'était qu'une manie ! Après avoir tonné bien haut et éclaté par un refus dur et décourageant, on le voyait tout à coup, doux comme un agneau, rentrer de sa sortie un peu vive, ouvrir ses mains et distribuer ses derniers sous ou sa dernière pièce. Le quêteur habitué de sa porte laissait silencieusement passer la bourrasque, assuré que la pluie (d'argent) succèderait bientôt aux coups de tonnerre. Un trait entre mille :

Un jour, après avoir renvoyé un solliciteur un peu sèchement, et les mains vides, tout à coup, il le rappelle vivement : Tenez, lui dit-il, prenez ça, c'est tout ce que j'ai. La main du pauvre s'emplit de grosse monnaie. Il se retirait lorsque, à quelques pas du bourg, voulant se rendre compte de sa recette, il trouve au milieu des sous, qui filent sous ses doigts, une pièce d'or de 20 francs. Ah ! Monsieur le curé s'est trompé, se dit-il, et revenant au presbytère il sonne le charitable prêtre à qui il révèle le fait. « C'est bien ! c'est bien ! répond-il ; gardez, gardez-le ; « ça vous appartient. Ce que j'ai donné, je l'ai donné, « parce que j'ai voulu le donner. Allez, et laissez-moi « tranquille. »

Avec ce système de charité, eût-il été possible de cumuler le million ? L'eut-il du reste gardé longtemps ? Il aurait trop craint d'en être brûlé aux doigts et à la conscience ! Oh ! le million, venant quelque jour, de je ne sais quelles régions mystérieuses, échoir entre ses mains comme par enchantement ou par l'effet de ses prières à cette intention, que n'ai-je été le témoin heureux de cette bonne aventure ! Bien plus heureux encore d'en toucher moi-même quelque parcelle, et de le voir bientôt se fondre par l'ardeur de sa charité comme la cire devant le feu, s'épancher, en s'émiettant, sur les uns et les autres, et disparaître enfin comme une étoile qui file, comme un météore qui s'enflamme et s'évanouit, comme aussi s'éteignent en voltigeant les étincelles d'un brillant feu d'artifice : tout cela spectacle ou phénomène éphémère ; bien mieux encore et plus rapidement le million eût ruisselé, en miroitant, à travers les doigts du fortuné d'un moment, pour faire combien d'heureux et pour de longues années ?

Ecoutez plutôt. En présence d'un feu d'enfer, pour lui feu de paradis, M. Hivert rêvant à son million, en faisait d'avance, par imagination, l'emploi et la distribution ; et quelle jouissance il trouvait à ce rêve d'or ! il jouissait aussi en nous faisant part de ses désirs et de ses projets, tout chimériques qu'ils fussent. Mais enfin, lui disions-nous, voyons, que feriez-vous de votre million, si la chance ou la Providence vous l'envoyait ? — Une église à Badefols..., un pont sur la Dordogne à Badefols, etc., etc. — Et puis ? — Ah ! je sais bien à *qui* je donnerais, et aussi à *qui* je ne donnerais rien. Je sais bien quelles œuvres auraient part ou non à mes largesses. — Et ensuite ? — Ensuite ! Tout irait là ou là ; et puis rien, rien ! Tout flambé !!!... — Il était vraiment curieux et original, quand il faisait ainsi sans gêne et en maître qu'il eût été de son million, telles ou telles exclusions, comme du reste il savait aussi, sans façon et à brûle-pourpoint, exclure le malencontreux qui, ingénu ou rusé, se présentait inopinément et à contretemps à sa table ou à sa porte.

PETITE CONCLUSION

Non est inventus similis illi. Vraiment, sous ce rapport de l'or et de l'argent, comme presque en tout, notre héros n'a pas de semblable. C'est lui qui se trouve loué et béatifié dans cette parole de l'Esprit Saint : *heureux l'homme* qui n'a pas couru à la poursuite de l'or et de l'argent ! Lui certes, comme nous en avons fourni des témoignages, a soupiré après l'argent, mais sans l'aimer, sans mettre en lui ses espérances, *nec speravit in pecunia et thesauris.* Aussi n'a-t-il point thésaurisé, mais seulement vécu *au jour le jour.* Où est donc l'homme, quel est donc l'homme qui a agi ainsi, demande l'Esprit Saint ? Nous voulons le louer, le glorifier ; car un tel homme est très rare ; car il a fait des prodiges, et lui-même fut une merveille brillante, surnageant au milieu de cette multitude bassement aplatie dans l'adoration de Plutus, et plongée toute entière dans le culte du veau d'or.

XI

M. HIVERT, VOYAGEUR ET ANACHORÈTE

Encore deux termes qui s'excluent l'un l'autre, aussi bien que pauvre et millionnaire! Nouvelle antithèse toujours au compte, à la charge ou mieux à la gloire de notre héros. Mais nous le connaissons déjà : un peu paradoxal, étrange, bizarre du moins en apparence, il va facilement aux extrêmes, qui, chez lui, se touchent ou se rencontrent en pleine connaissance et en parfaite harmonie. Voyageur et anachorète, il le fut, et en lui ces goûts, si divers et si disparates, de voyages et de solitude, se concilient admirablement.

I

VOYAGEUR

Heureux qui, ayant l'humeur voyageuse, a, pour la satisfaire, le temps, la santé et les moyens nécessaires. Rien de plus attrayant que de parcourir et de visiter *cette terre que Dieu a donnée aux enfants des hommes ;* et avec quelle jouissance on contemple, on étudie, on admire les merveilles de ce palais, et aussi les chefs-d'œuvre dont le génie de l'homme l'a parsemé, rivalisant ainsi, pour ainsi dire, avec la nature pour en redoubler la beauté.

Parfois utiles à la santé, les voyages contribuent grandement à orner l'esprit observateur, toujours avide de connaissances nouvelles. Quelle abondante collection, quelles provisions, quelle moisson, quels faisceaux de gerbes ne fait-il pas, en entassant notes, observations, plans et croquis qu'il relève et couche sur son carnet, ce supplément commode et parfois indispensable à la mémoire ? Et au retour, quelle joie de l'ouvrir pour en laisser tomber, à pleines mains, ses impressions diverses dans l'intimité d'amis et de proches qui tous s'empressent, avides de voir, d'entendre et de recueillir quelque parcelle, pour la savourer chacun selon son attrait ! Bien plus, heureux est-il le touriste, s'il a une plume d'écrivain, de publier ses relations de voyages dans un volume illustré avec soin, avec goût, séduisant également pour l'œil et l'esprit ! Ainsi ont procédé d'illustres voyageurs, dont les noms accourent ici en nombre à la mémoire de tous. Que n'ai-je, de mon côté, leur plume pour relater à mon tour, puisqu'il ne l'a pas fait lui-même, les courses si intéressantes de notre héros ? Moins grand cependant sera mon regret, attendu que je n'ai pu connaître assez tous ses voyages avec tous leurs incidents, leurs détails divers et nombreux, et que de plus, ce n'est pas le côté le plus brillant ni le plus sérieux de cette physionomie si variée, mais seulement un côté accessoire, assez attachant néanmoins pour ne pas la déparer ; il y ajoute au contraire, il faut en convenir, un trait, qui l'achève agréablement et redouble ainsi notre admiration pour celui qui, homme de Dieu avant tout, loin pour cela d'être indifférent à tout ce qui touche à la société et à ses progrès, « ne dédaigne pas de se mettre au courant de la « science, des découvertes et des œuvres de son siècle », et se délecte enfin à contempler les beautés de la nature, pour de là remonter et s'élever jusqu'à Dieu, leur auteur.

L'abbé Hivert aimait les voyages, et à ce propos, il se

plaisait à dire : « On parle de l'*Immobile Eternité !* Est-ce
« donc que les élus y seront cloués en cet état comme à
« un point toujours fixe, ou scellés comme un marbre
« poli au mur d'une colonne qui défie le temps ? Non, oh !
« non, protestait-il sur un ton qui révélait son amour
« naturel pour le mouvement, non ; mais on voyagera
« dans le ciel, puisque, est-il dit dans l'Apocalypse, *les*
« *vierges suivront et accompagneront l'Agneau partout où il*
« *ira.* » Et lui se promettait le bonheur de voyager là-
haut dans des courses sans fin et sans fatigue, tout aussi
bien que les délices d'y boire du vin à la table du grand
roi.

Les excursions plus ou moins lointaines avaient donc
pour lui un grand attrait, et chaque année, du moins
pendant son séjour à Neuvic, il en faisait une qui compor-
tait la durée d'un mois, de plusieurs semaines du moins.
Pendant son absence, il confiait ordinairement le soin et
la garde de sa paroisse à M. Burguières, curé de Vallereuil, le choisissant de préférence, parce que disait
notre voyageur, celui-là savait *s'hiverner* (c'est-à-dire vivre
selon le genre de M. Hivert) et qu'il n'avait pas besoin de
lui fournir de cordon-bleu.

Le mode d'accomplir ses voyages portait le cachet
de l'originalité que nous lui connaissons. Qu'il eût, pour
lors et dans ces occasions, divorcé avec elle, c'est-à-dire
avec sa nature, nous le regretterions grandement ; car
elle y projette un lustre, un attrait, un intérêt, un charme
en un mot, qui n'est certes point le lot d'un vulgaire
et prosaïque voyageur.

Avec son originalité pour compagne, pourquoi s'adjoin-
drait-il quelqu'autre compagnon de route ? Il n'en veut
pas ; il veut être seul ; il se suffit pour exécuter librement
son plan et son programme ; il a ses attraits pour telles
ou telles contrées, telles ou telles villes ; pour ce monument religieux, cet édifice public, ou cet hôtel ; pour ses

repas ; pour ses heures de courses, de prières ou de repos. Le *socius* aurait peut-être et assurément des vues, des penchants tout opposés, et l'entente pourrait devenir difficile. Et puis, l'un peut tomber malade, et l'autre, obligé, par charité, de rester auprès de lui, infirmier, devra forcément suspendre le cours de ses investigations : toutes raisons et d'autres encore que nous taisons, pour lesquelles l'abbé Hivert, en voyage, n'a jamais accepté ou du moins très rarement, de compagnon de route. Originalité ! Soit ! assez bien fondée cependant.

Mais voici un truc d'un autre genre : Avant de partir, il faisait deux parts égales de la somme destinée à être engouffrée dans la tournée : une moitié, enveloppée avec soin dans un foulard ou dans une bourse aujourd'hui démodée, était placée avec précaution au fond de la poche de droite du vêtement que l'on connaît, l'autre moitié, liée de même, dans la poche de gauche, et ainsi parfaitement à l'abri de la main du voleur, jamais assez habile ni assez osé pour aller la prendre *là*.

Il employait au moins deux jours pour faire ses malles ; il ne fallait rien oublier, sous peine de troubler la gaieté du voyage. Puis il partait alerte et rayonnant, vêtu d'une soutane de drap neuve, et sa montre en or attachée à une chaîne en or et très visible « moyen infaillible, disait-il, pour être bien servi à l'hôtel ! » Moyen plus infaillible encore et dont il savait très bien user : graisser largement la patte des garçons d'hôtel pour gagner leurs bonnes grâces et leurs attentions. Quand notre voyageur avait dépensé une première partie de la somme, il s'arrêtait net et revenait sur ses pas par la même voie ou par une voie différente, pour opérer son retour auquel devait suffire la seconde moitié.

En vertu même de la singularité qui devait percer et se faire jour en maintes et maintes circonstances, il lui arriva d'être, je ne dis pas victime mais le sujet de curieu-

ses aventures, n'ayant pour témoins que des étrangers.
Si quelqu'un de nous avait pu le suivre, ange invisible,
quelle jouissance d'assister à ces plaisantes scènes, à ces
petits drames tour à tour plus ou moins tragi-comiques!
Il est vrai que l'abbé Hivert se plaisait assez à raconter
lui-même quelques-unes de ces anecdoctes. Certaines très
connues, ont fait le tour de presque tout le diocèse, et, en
passant de bouche en bouche, ont rendu le nom de
M. Hivert comme légendaire pour des siècles. Et c'est uniquement pour souvenir à jamais durable, que je mentionne ici
l'histoire de la *fameuse dinde* truffée à grands frais et expé-
diée par notre voyageur à un médecin espagnol, qui l'avait
soigné, lorsque tombé malade à Barcelone, il se fit conduire
à l'hôpital; car (mesure, précaution point du tout si originale), en cas de maladie dans ses voyages, cet asile
des malades avait ses préférences sur les hôtels pour le
traitement et les soins à recevoir. Or, n'ayant reçu du
docteur, qui l'avait traité gratuitement, aucun accusé
de réception de son envoi, notre voyageur convales-
cent ou entièrement guéri, repartit pour Barcelone afin
de s'y renseigner sur le sort de ce présent certes très
appréciable; et, après avoir été gracieusement rassuré
par le destinataire, il reprit aussitôt, sans autre formule de compliment, la route du Périgord. Fait ou récit
du reste très conforme à l'excentricité de notre personnage. Ne se tromperait-on pas en le réduisant à la
simple valeur d'une jolie charge ou d'une plaisante
légende ?.....

On raconte encore : Un jour dans une ville, notre voyageur se trouve pris et dans l'embarras en présence de
quelque agent de police, qui le menace, s'il ne fournit pas
de papiers en règle, de le faire enfermer. N'ayant pas,
cette fois, de passe-port, contre son habitude (j'en ai
trouvé deux au milieu de ses paperasses), l'abbé Hivert ne
se déconcerte pas, et prêtre, se rappelant ce qu'il était

(car en voyage, il portait toujours la soutane, l'habit ecclésiastique), il ouvre avec sang-froid son portefeuille et en
sort une petite pancarte qu'il exhibe au commissaire :
c'était son *celebret* ou sa lettre d'ordination ; l'agent, pas
plus terrible que ça, s'en rapporta sans peine à cette
preuve d'identité et le laissa passer outre.

Mais quelles sont les contrées que notre voyageur a
parcourues et visitées ? L'abbé Hivert n'a visité ni l'Italie
ni Rome, sa capitale. De la France il n'a connu que le
Midi et l'Ouest. Mais Paris ! N'a-t-il pas visité Paris ? Eh !
bien, non. Et cependant, « on l'a vu, dit M. Sagette,
« quitter son presbytère, courir à Paris, pour entendre,
« contempler une belle œuvre d'art, et rentrer immédia-
« tement dans sa pauvre demeure, avec la satisfaction
« rayonnante d'avoir admiré le génie de l'homme. » Il a
donc été à Paris ; mais il ne l'a pas visité. Il n'a pas fait
le voyage de notre capitale, la Ville-Lumière, pour la
visiter et la connaître, mais seulement pour contempler
une œuvre d'art, et repartir immédiatement. Voyage qui
n'en est pas un, à proprement parler ; en tout cas,
voyage singulier et très assorti au caractère de celui qui
l'a fait dans de telles conditions !

L'Espagne a toujours eu les préférences de l'abbé
Hivert. Il l'a visitée deux fois au moins, trois ou quatre
fois au rapport des Frères de Neuvic, mais non point
tous les ans, comme plusieurs le prétendent. On peut se
demander, comme on l'a fait, les raisons de la prédilection de notre voyageur pour le pays des Ibères. Parfait
patriote français, après la France, il avait donné son
affection à la Péninsule ibérique. Il y a sans doute dans le
caractère espagnol quelque chose qui lui plaisait et le lui
rendait tout sympathique ; et, rapprochement qu'on
voudra bien me permettre, à considérer attentivement le
chef de M. Hivert, ainsi que son caractère brusque
et déterminé, n'y pourrait-on pas trouver quelque chose

du type espagnol ?... La parole du grand Roi à son petit-fils Philippe : « Il n'y a plus de Pyrénées ! » était toujours vivante dans le cœur de notre patriote, dont les sentiments, comme le mot de Louis XIV, avaient abaissé ou supprimé les hautes barrières de la nature. Légitimiste en France, et par le même principe en Espagne, il avait fait de celle-ci comme sa seconde patrie. Aussi traitait-il les Carlistes réfugiés chez nous comme de vrais frères, en amis, en compatriotes, dirons-nous, leur prodiguant son estime, sa considération et les secours de sa bourse.

Aimant ainsi l'Espagne, la visitant parfois, il avait dû en étudier la langue. On trouve en effet, dans sa bibliothèque, une vraie collection de livres espagnols : ainsi les Épîtres de Saint-Paul traduites en cette langue ; plusieurs grammaires et plusieurs vocabulaires, dont assurément il a fait usage pour apprendre l'espagnol. D'autant plus que j'ai trouvé dans le pêle-mêle de sa correspondance des lettres en espagnol, à lui adressées et venant de Barcelone ou d'ailleurs. Notons enfin que le curé de Saint-Vincent-de-Connezac, M. Balsels, était d'origine espagnole, que très lié avec M. Hivert, il lui écrivait parfois dans cette langue, et comme l'amitié déteint souvent sur les amis, pour leur faire partager les mêmes idées, les mêmes goûts, les mêmes affections, M. Balsels a pu communiquer à M. Hivert, déjà si bien disposé à les adopter, l'amour, la passion pour l'Espagne, patrie du Cid, ce type des intrépides et chevaleresques guerriers.

De retour dans ses pénates, le voyageur redevenait curé immédiatement, et, sans grand effort, reprenait le cours de son ministère. Voulant utiliser ses voyages pour le bien spirituel de ses paroissiens, il ne tardait pas à leur faire part de ses impressions. Il savait les intéresser, en leur racontant ses souvenirs, et il en tirait toujours des conséquences pratiques pour leur avancement dans la vie chrétienne. J'ai la bonne fortune de pouvoir rapporter ici les communications qu'il leur fit au retour de l'un de ses voyages.

« Mes chers frères, j'ai été bienheureux pendant mon
« absence ; j'ai vu de belles choses ; j'ai entendu raconter
« des merveilles et des traits d'édification. Oh ! que le bon
« Dieu en soit béni et qu'il puisse y trouver sa gloire ! Je
« me suis prosterné avec un grand bonheur devant
« l'image de Celle par qui descendent sur la terre les
« grâces et les bénédictions du ciel. J'ai été très édifié en
« voyant l'affluence des fidèles et leur assiduité à entendre
« la parole de Dieu ; et leur piété et leur recueillement et
« la rapidité de leur marche dans les voies de la religion
« ont rempli mon cœur d'une grande joie. Et cependant,
« en voyant toutes ces belles âmes, il me semblait qu'une
« voix intérieure me disait : Mon fils, ce ne sont pas les
« tiens ; tu ne les as pas enfantés à la grâce ; ce n'est pas
« par toi qu'ils doivent être sauvés. Mais ceux-là, mon
« Dieu, ce sont là les miens ; ce sont là mes enfants ; c'est
« bien moi qui leur ai donné la vie de la grâce ; c'est bien
« de moi que vous vous êtes servi pour jeter dans leurs
« âmes ces sentiments qui les rendent si forts et si beaux.
« Et je vous en remercie, Seigneur, de ce que vous les
« avez conservés si purs. Et, chers chrétiens, nous allons,
« vous à ma suite, et moi à votre tête, nous allons nous
« remettre tout de bon à l'œuvre de Dieu, et il ne faudra
« pas nous traîner, il faudra marcher un peu vite, surtout
« pas trop vite. Oh ! ne vous épouvantez pas ; je veux
« m'attacher à vous rendre la religion aimable, et si vous
« êtes tout à fait décidés, je vous assure que vous ne vous
« ressentirez pas des fatigues du voyage ; et après tout, il
« n'est pas si long, et quand on ne perd pas de vue
« l'éternité, le reste est bientôt franchi ; on arrive au port
« du salut presque sans s'être aperçu des tempêtes qu'on
« a essuyées, des orages qui ont grondé sur notre tête. »

Et il part de cet exorde pour faire ensuite son instruction ordinaire.

II

ANACHORÈTE

« La cellule gardée devient douce » a dit avec raison l'auteur de l'*Imitation*. Plus on la garde, plus on s'y plaît. Et quand on en sort pour un motif légitime, un jour, un mois, oh ! comme on y revient avec joie ! On y trouve Dieu, soi-même et le repos ; le retour charme bien plus encore que le départ. Comme tout cela était bien vrai pour M. Hivert ! C'était pour lui un vrai bonheur de retrouver son chez soi. Il savait et goûtait ce qu'il lisait fréquemment dans son auteur ascétique de prédilection, l'*Imitation* : « Que pouvez-vous voir ailleurs que vous ne « voyiez où vous êtes ? Voilà le ciel, la terre, les élé- « ments ; or c'est d'eux que tout est fait. Où que vous « alliez, que verrez-vous qui soit stable sous le soleil ? « vous croyez peut-être vous rassasier, mais vous n'y « parviendrez jamais. Quand vous verriez toutes les cho- « ses à la fois, que serait-ce qu'une vision vaine ? Laissez « aux hommes les choses vaines ; demeurez avec Dieu « dans votre cellule ; fermez sur vous votre porte ; ne « vous occupez que de ce que Dieu vous commande, priez « pour vos péchés et vos négligences, et vous ne trouve- « rez nulle part autant de paix. »

Nourri habituellement de ces fortes pensées, M. Hivert, de voyageur facilement devenait anachorète. Rentré dans son modeste domicile il oubliait tout ; se séparant de tout, il reprenait avec une ardeur nouvelle son travail pour sa sanctification personnelle et pour celle des siens. Alors il se confinait dans sa demeure, d'où il ne sortait que pour les fonctions de son ministère ou par charité pour ses confrères voisins. Véritable solitaire il a fait tour à tour

de son presbytère ou de la sacristie une sorte de
Thébaïde, vivant seul, sans domestique, ayant exclu toute
femme de son service, préparant ses repas et se servant
lui-même. A Neuvic, c'est à la sacristie qu'il habitait
ordinairement, de préférence ; il y mangeait, il y couchait,
il y travaillait et y composait ses prônes. Presque toujours il
les écrivait dans la chapelle de la Sainte-Vierge ; là il avait
disposé une table de travail sur laquelle il ne voulait voir
que ses ustensiles nécessaires, son mouchoir et sa taba-
tière, et, à ce sujet, on raconte qu'un jour y ayant aperçu
un chapeau à haute forme, il l'envoya d'un coup de poing
au milieu de l'église, au grand mécontentement du propriétaire qui s'en servait pour la première fois. Mais
à Badefols il n'aurait pu que très difficilement accommo-
der la sacristie à ce genre de vie, et ici c'était le presbytère qui était devenu sa *Thébaïde*, surtout dans les dernières années de sa vie. Là, quelques rares paroissiens
privilégiés venaient de temps en temps le visiter, prendre
de ses nouvelles et le distraire en causant un instant. Il
ne sortait de sa solitude que pour aller à Bergerac voir
son confesseur, se retremper et réconforter son âme.

Ce goût de la vie retirée, il le tenait bien de la nature ;
mais l'expérience et la connaissance du monde l'avaient
singulièrement accru et fortifié. Il faut l'écouter nous
disant lui-même ses préférences pour la solitude au presbytère et à la sacristie, dans une page où, en se peignant
lui-même, il peint aussi le monde ; elle est extraite d'un
discours ou prône, du 5 octobre 1861 :

« Mes chers frères, je suis forcé d'avouer que dans mes
« relations avec vous, je pourrais quelquefois et bien
« souvent être un peu plus patient, plus honnête, plus
« poli, et, si vous le voulez, plus civilisé. Je pourrais sans
« doute, comme tant d'autres, m'imposer chez vous, vous
« fournir l'occasion d'exercer votre patience, votre édu-
« cation, votre savoir-vivre ; me retirer ensuite avec la

« persuasion de vous avoir fait beaucoup de plaisir avec
« ma visite, tandis que dans le fond, je vous aurai beau-
« coup ennuyé. Ainsi, vous le savez et vous le voyez, je
« rends mes visites très rares ; je ne vais pas plus chez
« les riches que chez les pauvres, chez les messieurs que
« chez le paysan, à moins que mon ministère m'en fasse
« un devoir. Si vous avez besoin de moi, je suis toujours
« à vos ordres ; mais vous savez où je me trouve, à
« l'église ou au presbytère ; et si vous voulez avoir la
« raison de l'éloignement que j'éprouve pour le monde et
« et pour les sociétés du monde, vous la trouverez dans
« cette parole de saint François de Sales, qui nous dit
« que lorsque les brebis s'approchent des ronces et des
« buissons, elles y laissent toujours quelques brins de leur
« laine. Et puis, Dieu m'a fait la grâce de me connaître ;
« j'aurais trop peur de vous ennuyer, sans compter le
« *vice-versâ.* »

Les voilà bien, accusés par lui-même, les motifs de son
éloignement du monde et de ses sociétés, et aussi les raisons de sa fuite et de sa réclusion au presbytère et à la
sacristie. C'est là le lieu de son repos, la *Thébaïde* qu'il a
choisie. Cette prédilection pour la solitude, on se l'expli-
que aussi par son désir de pouvoir s'y livrer, à sa guise et
et en toute liberté, à la pratique des deux vertus qu'il eut
tant à cœur : la prière et la mortification, qu'il a poussées
à ce point de rappeler les anciens anachorètes du désert.
Nous allons un instant le suivre dans sa retraite et le
contempler la faisant fleurir de ces deux belles fleurs.

La prière. — Ce n'était pas seulement le Rosaire, les
autres prières vocales, le Saint Office, auquel il n'aurait
jamais manqué pour rien au monde, et qu'il récitait toujours à l'heure voulue avec tant d'attention qu'il n'était
jamais tenté de le recommencer ; mais c'était surtout
l'oraison, une oraison non interrompue, le souvenir de

Dieu ne le quittant jamais et faisant ses chères délices. C'est là, dans ces longues heures de contemplation qu'il éclaire son esprit, qu'il réchauffe son cœur, et puis, portant sa pensée vers les âmes dont il a la charge, il écrit ses instructions, où il a pour elles des exhortations si tendres, si chaudes, et pour les pécheurs des apostrophes si pressantes. Il s'est embrasé le premier du feu de l'amour divin, pour le porter ensuite et le faire passer dans le cœur des siens.

Or, pour alimenter et soutenir son esprit de prière, il se servait de préférence de *l'Imitation de Jésus-Christ*, de Bossuet, d'un opuscule de M. de Lourdoueix : *Elévations et Prières*, dont certains chapitres, entr'autres : *l'infini, la Liberté humaine, la Souffrance, la Providence*, plongeaient son âme dans de profondes méditations. Et parfois, quand arrivant inopinément, nous le trouvions ainsi absorbé, il continuait tout haut à méditer, et nous entraînant tout doucement, il nous transportait dans des régions supérieures. Il abordait la question de l'espace, de l'infini, de l'éternité par rapport à nous, éternité qui consistait, suivant lui, non point en instants successifs, mais en un seul instant, durant toujours... Il portait souvent son attention sur la justice de Dieu s'exerçant par l'enfer, ne serait-ce que sur une seule âme, sans blesser ni diminuer en rien sa bonté, aussi infinie que sa justice. Sur la fin de sa vie, voyant peu à peu tomber son corps, il en sondait et sentait le néant et la misère. Qu'est-il ce corps, disait-il ? Un sac de pourriture, et puis bientôt *esca vermium*, la proie et la nourriture des vers. Quel sujet d'orgueil, au rebours !!!

On se tromperait si l'on se figurait que cet homme, ainsi presque retiré du commerce de ses semblables, et perdu dans de profondes et sérieuses réflexions, était devenu triste, mélancolique, à idées noires et bizarres ; point du tout : d'un abord facile et aimable, il savait toujours sourire, accueillir gracieusement ; et souvent encore des saillies piquantes et des réparties aussi spirituelles qu'originales jaillissaient de son esprit prime-sautier, qui est demeuré vif, alerte presque jusqu'à la fin.

La mortification. — Autre vertu qu'il a pratiquée à un degré vraiment héroïque. Plein de mépris pour son corps dont il connaissait le limon, il s'appliqua à le châtier et à le réduire en servitude, à l'exemple de saint Paul et de tous les saints qui ont été les amants de la croix. En parlant de sa première communion, nous avons signalé ses premiers essais, son apprentissage dans la carrière de la pénitence où il s'élança depuis, comme un géant, pour courir dans la voie sûre du salut.

Comme pratiques de mortification, rappelons celles que nous avons révélées à l'article des vœux ; elles se rapportent certes parfaitement à cette vertu : privation de vin et de liqueurs, abstention de tout jeu, etc., etc. De plus, nous savons tous que, durant de longues années, il n'a pas porté de bas, qu'il remplaçait par des guêtres en mérinos noir, mais les pieds toujours nus dans sa chaussure : deux souliers dont l'un neuf et l'autre vieux. Nous savons aussi que pour tout vêtement il n'avait qu'une simple soutane, sans user jamais, en dépit de la rigueur du froid, de pardessus, de douillette, de manteau ni de mantelet.

A propos de vêtement, qu'il nous soit permis de dire, puisque du reste la chose est assez connue, qu'il gardait en service à outrance des soutanes et autres habits, que l'usure et le défaut de propreté avaient, depuis longtemps, condamnés au repos et au rebus. Voici à ce sujet le récit plaisant qui est arrivé jusqu'à nous. M. le général de Mellet étant en villégiature au château de Neuvic, M. le curé se présenta pour lui faire visite, mais avec une soutane plus ou moins propre. Cette tenue négligée fit une mauvaise impression sur le général qui, après le départ du visiteur, en manifesta son étonnement. Le bruit s'en répandit et parvint aux oreilles de M. Hivert, qui, plus prompt que l'éclair, prend une soutane neuve, se dirige vers le château et abordant le général : « Suis-je assez propre, comme ça ?... » C'est bien de lui !... Mais les pauvres trouvaient leur profit à ces économies.

Quant à sa chambre, c'était un véritable taudis, dont on faisait rarement la toilette, et où parfois on ne savait où mettre le pied. Les araignées y filaient, en maîtresses, leurs toiles qui tapissaient les murs en tous sens et en faisaient la principale ou seule décoration. C'étaient là ses familières qui, du reste, lui rendaient l'immense service de le débarrasser des mouches et des moustiques. Mal reçu et bien vite aurait été mis à place quiconque se serait avisé de détruire ces vaillantes ouvrières ! La chronique dit même que notre amateur d'araignées, en partant pour la retraite ecclésiastique, en emportait un petit essaim, qu'il charmait et attirait au son de je ne sais quelle lyre d'Orphée ressuscitée, et enfermait dans une boîte *ad hoc*, pour les lâcher dans sa cellule du séminaire, où promptes à tisser leurs filets, elles le préservaient des incommodités et des piqûres des importuns cousins. Disons-le avec regret : comment cet esprit si ingénieux, si inventif, lui si rêveur de découvertes et de millions, n'a-t-il pas songé aux trésors qu'il pouvait trouver dans l'araignée ? De l'abdomen si fécond de cet insecte il aurait pu sortir des milliers et des milliers de mètres de fils de soie, propres à tisser des étoffes recherchées pour parures sacrées et profanes. C'est peut-être la première fois qu'en défaut l'on surprend son génie !

Mais revenons à sa chambre. Et son lit de quoi se composait-il ? A Neuvic, il a couché sur la paille, dans sa sacristie même ; à Badefols, il avait un lit d'enfant, en fer, sur lequel étaient assujetties trois planchettes suppor-

tant un mince et pauvre matelas ; puis une simple couverture blanche, de coton ; c'était tout ; véritable grabat !
Ainsi, branches d'arbres lors de sa première communion,
paille à Neuvic, grabat à Badefols, n'est-ce pas là trois
trônes pour le ciel, certes bien suffisants pour satisfaire la
plus vaste ambition ?

Quant à sa nourriture, elle était on ne peut plus commune et très frugale. Un seul repas par jour, sur le soir,
s'étant contenté, le matin, d'un morceau de pain et d'un
fruit avec une tasse de café, pour lequel il avait un certain faible ; petite misère qu'on peut lui *passer* ; attendu
qu'il se *passait* de tant d'autres choses. De loin en loin, il
usait d'un peu de viande, mais habituellement de maigre
seulement, de poisson, d'œufs surtout, pour lesquels il
avait un goût de préférence, connu de tous à Neuvic. On
montre encore, et nous avons vu dans la sacristie, l'ouverture pratiquée au plancher, et par laquelle le solitaire faisait descendre les coquilles vides. Quand la provision était
épuisée, il en arrivait d'autres, comme par enchantement,
et grâce à des mains charitables et discrètes. Les femmes
lui en apportaient des quantités, qu'il déposait dans une
armoire de son prie-Dieu ; il en faisait part à ses chers
Frères, auxquels il avait enjoint d'en remplir leurs poches,
en sortant de l'église par la sacristie.

Ainsi vêtu, ainsi nourri et couché, il ne souffrait nullement, disait-il. Il est permis d'en douter. Car, ne l'affir-
mait-il pas seulement, afin que, donnant le change sur ce
point, on pût moins soupçonner sa vertu ? Oui, il souffrait ; il avait certes, comme tant d'autres, toutes les déli-
catesses et la sensibilité de la nature qui répugne à la
souffrance. Mais il voulait, répétons-le, par vertu cacher
sa vertu ; et, pour s'encourager dans cette voie, il se
disait : souffrances pour souffrances, j'aime mieux souffrir sur la terre, ce qui n'est que d'un jour, que de
souffrir de longues années en purgatoire.

Au surplus, il savait bien, le bon prêtre, qu'il y a deux hommes en nous, en guerre perpétuelle l'un avec l'autre ; que le vieil homme doit mourir par les combats, par la pénitence et les austérités de l'homme nouveau ; que la condition du triomphe, en nous, du bien sur le mal, c'est la prière, le combat et l'immolation. Ceci soit dit pour rassurer certaines âmes tentées de se scandaliser, de trouver les mêmes misères humaines chez le prêtre et jusque chez les saints, se figurant qu'ils sont des anges, et qu'ils n'ont rien de l'homme ni de ses passions. Nous leur dirons empruntant le beau langage de M. A. de Ségur : « Ce serait une erreur, et elle est cependant trop com- « mune, de croire que les saints sont d'une nature diffé- « rente de la nôtre, et qu'ils n'ont pas à lutter contre « les mêmes passions que nous. Oui, ils ont les mêmes « passions que nous. Mais ils ont des grâces spéciales et « ils y correspondent avec plus de générosité que nous ; « et libres, ils collaborent avec Dieu à l'œuvre de leur « sanctification. Mais leur infirmité apparaît toujours par « quelque côté, ne fût-ce que par des excès de vertu ou « d'amour, et les plus saints peuvent dire avec l'incompa- « rable Saint François de Sales pleurant la mort de sa « mère : *Je suis tant homme qu'on puisse l'être !* » *Homo sum et à me nihil alienum puto*, disait l'ancien ; et qui n'a pas à l'avouer avec lui ? « Les saints, continue M. A. de « Ségur, perdraient pour nous tous leurs charmes et « toute leur puissance, s'ils cessaient d'être à nos yeux « des hommes sujets aux douleurs, aux épreuves, aux « infirmités de la nature humaine. »

**

L'exposé qui précède sur la vie érémitique de l'abbé Hivert serait incomplet si je ne disais pas un mot de sa pratique de la retraite, et de la retraite ecclésiastique en particulier. Ce dernier point se rattache tout naturellement à la vie solitaire. Quand on trouve facilement son cœur pour prier, on aime en conséquence les exercices de la récollection spirituelle. Notre vénérable confrère y a été fidèle au moins une fois chaque année. D'après plusieurs lettres de sa correspondance, on peut assurer que, pendant les premières années de son sacerdoce, il allait fréquemment visiter le séminaire de Sarlat, qui en était le berceau, et il trouvait ses délices dans les jours qu'il passait au sein de « *celte terre natale de la dévotion.* »

Son père en Dieu, Mgr de Lostanges, l'y appelait du reste assez souvent ; et durant les heures de sérieuses réflexions, ces deux âmes s'ouvraient l'une à l'autre dans de saints épanchements, le père donnant largement de ses richesses spirituelles, et le fils recevant, humble et reconnaissant, avec la direction paternelle, les avis, les conseils, les lumières, les consolations et les encouragements toujours nécessaires à l'ouvrier de Dieu et des âmes.

Après une retraite faite à Sarlat, en 1835, l'abbé Hivert, écrivant à son Evêque, lui fait part du bonheur qu'il y a goûté ; à quoi l'Evêque répond : « Je vous félicite des « consolations que vous avez éprouvées au Séminaire ; « c'est le magasin des bonnes pensées, des saintes résolu- « tions et des principes de la science et de la piété. J'en « fais l'épreuve tous les ans, et s'il plaît à Dieu, j'y serai « dans un mois. »

En 1834, peu après l'arrivée de l'abbé Hivert à Neuvic, comme vicaire-régent, Mgr lui écrivant de Sarlat, le 17 mai, à l'occasion de la mission nouvelle qui lui est confiée, termine en le conviant à la prière et à la réflexion dans la solitude du séminaire. « Je vous verrai, dit-il, avec « plaisir, dans notre solitude de Sarlat ; nous y consulte- « rons ensemble le Seigneur. »

En 1835, M. Hivert, qui vient d'être installé tout récemment curé-doyen de Neuvic, va partir incessamment pour assister à la retraite ecclésiastique, et à la veille de son départ, il peut recueillir d'une lettre de son Evêque, du mois de juillet, ces paroles paternelles : « Je prie le Seigneur « qu'il daigne répandre sur vous d'abondantes bénédic- « tions pendant votre retraite, pour votre sanctification « et pour le salut du peuple que je vous ai confié. »

Ainsi donc, la retraite, et toujours la retraite conseillée, recommandée et pratiquée, comme moyen infaillible de sanctification pour le prêtre d'abord, pour les âmes ensuite.

Du Pontife descendons à un directeur de Grand Sémi- naire, M. Mazet, alors professeur de morale ou de dogme, et plus tard supérieur. Je ne puis taire ou cacher une déli- cieuse communication, faite par ce saint et éminent direc- teur, en février 1835, à son ami, M. Hivert, encore alors vicaire-régent de Neuvic. Dans cette position difficile, délicate, embarrassée parfois sans doute, le jeune prêtre, sans expérience, mais conscient de son besoin de prières et de conseils, avait fait part à M. Mazet de ses sentiments de craintes, d'espérance, d'incertitude et d'hésitation ; il l'avait aussi entretenu du désir, du projet de faire, à cette occasion, une retraite qui lui paraissait nécessaire. Et l'ami directeur lui répond : « Mon cher monsieur « Hivert, une retraite bien sincèrement désirée est une « retraite à moitié entreprise. Aussi je ne doute pas que « déjà vous ayez éprouvé dans votre âme une bonne « partie des sentiments délicieux, que l'on vient demander « à la terre natale de la dévotion, comme nous disons « tous les deux. Je suis sûr que depuis le moment où vous « songez sérieusement à venir passer une huitaine avec « nous, vous vous sentez plus animé et plus encouragé. « Vous voyez d'avance où je viens avec mon long « préambule : un désir sincère de profiter du premier « moment libre pour faire une bonne retraite, voilà un « premier moyen de suppléer et d'attendre la Pentecôte. « Un second moyen serait de vous retirer chez un ami,

« chez M. Mimandre, par exemple, ou chez M. le curé
« d'Issac pour faire ce qu'on appelle une retraite du
« mois. Là, vous feriez un retour sur la conduite passée,
« vous prendriez des résolutions pour l'avenir, et vous
« connaîtriez ce qui doit vous occuper spécialement lors
« de votre grande retraite ; connaissance très utile pour
« se mettre ensuite en train. S'il vous est impossible
« d'abandonner Neuvic, même pour un ou deux jours, il
« faut tacher de fixer de bons sujets d'oraison, bien
« suivis, sur la matière que vous croirez la plus néces-
« saire ; joindre à cela de vous tenir le plus fermé pos-
« sible que vous pourrez et Dieu fera le reste. »

Heureux sommes-nous et combien nous en bénissons la
divine Providence, d'avoir retrouvé cette page du vénéré
Supérieur qui présida à notre formation sacerdotale, lui
que nous aimions à appeler avec une respectueuse et
filiale familiarité : le *Père abbé !* En la lisant, nous nous
sommes crus reportés à ces années de notre cléricature,
alors que nous écoutions, ravis et avides, les délicieuses
et inoubliables instructions des lectures spirituelles qu'il
nous donnait tous les soirs. Ne pas reproduire cette page,
qui s'offrait à nous si inattendue, nous eût semblé pour
notre cœur filial une noire ingratitude. Vieilles leçons,
mais toujours jeunes et de continuelle actualité !

Avec son amour pour les retraites, pénétré de leur
souveraine importance, de leur nécessité, M. Hivert a
assisté régulièrement aux exercices spirituels de la
retraite annuelle ; il n'a manqué que les deux dernières
années de sa vie, dispensé légitimement par l'âge et les
infirmités.

Circonstances à noter concernant ces retraites ecclésiastiques et marquées, comme tout chez ce prêtre, au
coin de l'originalité : 1° Il demandait au Séminaire toujours la même chambre, il l'exigeait même et c'était
la condition *sine quâ non* de sa présence pendant ces

quelques jours. Et c'est dans cette chambre que, dès son entrée, il lâchait et mettait en liberté les araignées filandières qu'il avait, comme nous l'avons dit, soigneusement enfermées, pour le voyage, dans une prison improvisée de carton ou de papier, afin d'en recevoir le service ou l'office signalé précédemment ; 2° Avant de s'enfermer pour la semaine dans l'enceinte sacrée du Séminaire, il allait à midi dîner à l'hôtel de France. Singulière manie ! On jeûne comme préparation, la veille des fêtes ; lui, au contraire, fait un dîner comme préparation aux fêtes de la retraite ! Mais attendez! Ce dîner était le dernier pour les six jours de silence et de réfection spirituelle. Ce bon repas préparait le jeûne et l'abstinence de ces six jours, pendant lesquels ne prenant ni potage, ni viande, il se contentait de pain, de fruits, d'eau et de café. Ainsi assaisonnée de tant de mortifications, la retraite devait être excellente ! Qui pourrait en douter ?

De retour dans sa paroisse, notre saint retraitant faisait part à ses paroissiens, le dimanche suivant, de ses impressions de retraite. J'ai retrouvé le discours qu'il leur adressa, à ce sujet, en 1836, et qu'il avait composé à Sarlat même, le 29 juin 1836 à quatre heures du soir. D'aucuns le regarderaient comme un petit chef-d'œuvre. Il justifie pleinement toutes les qualités que nous avons accusées chez l'auteur, à l'article de la *Prédication*. Vrai regret pour moi de ne pas le reproduire intégralement ; il donnerait une idée exacte du genre de l'abbé Hivert dans ses premières années. Du moins puis-je, tout en me bornant à une analyse assez étendue, en donner de longs extraits.

Dans l'exorde, il remercie Dieu de lui avoir donné pour paroissiens les fidèles de Neuvic. Il a connu, pendant son absence, combien grand est son amour pour eux. « Il « a bien prié et supplié le Seigneur de les conserver « toujours comme un peuple de dignes disciples de l'Evan-

« gile. N'est-il pas vrai que vous les bénissez, ô mon
« Dieu, ô mon bon et divin Maître ? »

Il lui serait impossible, poursuit-il, de leur dire son
bonheur d'avoir fait sa retraite ! Il en avait besoin ;
besoin de déposer dans le sein de Dieu tout ce qui attris-
tait son âme ; besoin de se retremper ; car il ne voudrait
pas être du nombre de ceux dont parle l'Apôtre, qui,
après avoir prêché aux autres, sont devenus eux-mêmes
des réprouvés.

Mais, hélas ! « est venu l'oubli de notre devise du jour
« où nous reçûmes l'onction sainte : *Dieu, sa gloire,*
« *son règne sur la terre et dans les cœurs.* Et au milieu du
« combat, le courage a manqué, et l'arche sainte n'a plus
« rendu d'oracle. Il était donc devenu nécessaire de
« renouveler dans la retraite nos promesses et nos enga-
« gements. C'est fait !

« Et avant d'aller plus loin, mes frères, veuillez me
« pardonner tous les manquements dont je pourrrais
« m'être rendu coupable à votre égard, toutes mes impa-
« tiences, toute la mauvaise humeur que je puis vous
« avoir montrée. Je sais que quelquefois j'aurais voulu
« aller trop vite, et, qu'au lieu d'attendre le moment
« de la grâce, oubliant la faiblesse humaine, j'aurais
« voulu vous voir transportés tout d'un coup sur la mon-
« tagne sainte. Je sais et je m'en accuse devant vous tous
« que quelquefois il m'est arrivé de suivre un peu trop ma
« vivacité naturelle, de répondre à quelques-uns des
« paroles qui n'auraient pas dû sortir de la bouche
« du ministre d'un Dieu, qui est si doux qu'il n'aurait pas
« achevé de briser le roseau à demi cassé ni d'éteindre la
« mèche encore fumante. Mais ma jeunesse, mais mon
« inexpérience, mais mon amour pour vous, et le désir
« que j'ai de vous sauver plaideront ma cause auprès de
« vous.

« Et maintenant, avec la grâce de Dieu et le secours de

« vos prières, nous allons commencer une ère nouvelle :
« le règne de Dieu parmi nous ».

Et alors il expose ici ce qu'il fera de son côté : « Je
« m'efforcerai, s'écrie-t-il, de vous rendre la religion
« plus aimable, ce qui sera plus conforme à votre bon
« cœur bien plus disposé à se laisser entraîner par
« l'amour que poussé par la crainte du Seigneur..... Et
« nous reverrons alors, espère-t-il, les miracles de l'Evan-
« gile et les merveilles de la grâce ».

Ensuite il arrive à ce qu'il attend de ses paroissiens :
l'apostolat des bons auprès des égarés ; — l'apostolat des
jeunes gens auprès de leurs camarades, pour les amener
aux pieds du prêtre, *où quatre paroles de la bouche font la
confession*. Et pour moyen sûr et infaillible d'arriver,
« nous aurons, dit-il, la protection de Marie, notre bonne
« Mère, à qui nous devons tout ce qu'il y a de religion
« dans notre paroisse. C'est sous ses auspices que nous
« commencerons cette œuvre sainte, et la continuerons
« avec la confiance certaine que pas un de ceux qui nous
« sont confiés ne sera précipité dans les flammes éternel-
« les. Oh ! non, vous ne périrez pas, pauvres infortunés !
« La Vierge des miracles plaidera votre cause, et elle est
« si puissante qu'elle vous obtiendra grâce et miséri-
« corde...... Pour moi, s'écrie-t-il, ô bonne Mère, je vous
« aimerai toujours, et lorsque j'aurai quelque peine, j'irai
« au pied de votre saint autel épancher mon cœur dans le
« vôtre, je ne séparerai pas votre gloire de la gloire de
« votre divin Fils. Qu'ils soient bénis ceux qui vous
« bénissent ! Qu'ils soient maudits ceux qui ne vous
« aiment pas ! Malheur à moi, si je vous oublie, vous le
« baume de mon âme, la joie de mon cœur, la protectrice
« de mon innocence. » Tels sont les motifs de sa confiance
nouvelle. — Conclusion : *Il fera tout, de son côté, pour
« alléger le joug de Jésus-Christ, — il se sacrifiera, heu-
« reux de mourir l'arme à la main pour leur procurer le*

« *ciel.* » Heureux sur la terre de voir la paix du Seigneur habiter cette paroisse de prédilection. Heureux un jour, en se présentant devant Dieu, de dire avec le divin Maître? « Les voici, Seigneur, ceux que vous m'avez con-« fiés ; aucun d'eux n'a péri ! » Il les verra tous, jeunes gens, jeunes filles, vieillards, pères et mères..., quel plaisir alors pour lui?

« Qu'il périsse donc le démon, dit-il en terminant, qu'il « périsse le monde, qu'il périsse le péché ! qu'il arrive le « règne de Jésus! qu'il vive le règne de Marie ! qu'il vive « pendant notre vie! qu'il accepte nos prières à l'heure « de notre mort et qu'il nous conduise au port de la « céleste béatitude ! »

Mais, voyageur, voici l'heure pour lui de terminer sa course ; ascète austère et contemplatif, voici l'heure de suspendre ses mystérieuses méditations, de déchirer les voiles de la foi et, après s'être uni à Dieu dans sa vie d'oraison, de s'unir à lui dans la vision béatifique. Assez longtemps il a habité Cédar, la terre étrangère et de l'exil. Voyez-le impatient de partir pour la Jérusalem céleste, la vraie patrie, où il trouvera Dieu, celui qu'il a cherché dans ses profondes réflexions, et qu'il n'a aperçu qu'en *énigme*, à travers les créatures et comme par un *miroir*, mais qu'il espère voir bientôt *tel qu'il est*, en lui-même, *face à face*, à découvert, *le connaissant comme Dieu le connaît*, l'aimant et le possédant comme son souverain bien. Et déjà ses pieds sont en mouvement, il part, il vole, il s'élance, le voilà à la porte des célestes parvis ; bientôt va s'accomplir pour lui ce qu'il disait de chacun de ceux dont il apprenait le trépas: « Il en a appris dans « une seconde infiniment plus que n'en savent les plus « savants du monde. » Lui aussi va voir Dieu, et tout en Dieu. Et le voyant, il verra que tout est comme il avait ouï, comme il nous est enseigné. O bonheur d'avoir cru sans voir, qui nous vaut le bonheur de voir sans ombre !

XII

MORT DE M. HIVERT, SES FUNÉRAILLES
ET SON TESTAMENT

Avant de quitter la terre, M. le curé de Badefols,
devenu presque infirme, fut obligé de renoncer à toute
fonction du ministère. Du 9 avril 1899 au 4 août, il
se reposa jusqu'au moment de s'endormir du sommeil des
bons et fidèles serviteurs. Et pendant ce temps, il acheva,
dans l'unique pensée des jours éternels, la préparation de
son âme, puissamment aidé et consolé par la visite de
Notre-Seigneur qu'il avait le bonheur de recevoir tous les
dimanches et une fois dans la semaine ; et il continua à
prier et à souffrir, comme un prêtre doit prier et souffrir
pour lui et pour les autres.

Enfin le dimanche 22 juillet, il fallut le porter du fauteuil sur son misérable lit ; on l'y étendit tout habillé et
il y resta, durant cinq jours, presque immobile, ne
remuant que la tête et les bras, s'écrasant dans cette
dure position, souffrant horriblement, mais sans se plaindre, de temps à autre prononçant des paroles qui lais-
saient voir sa grande foi, son application à sanctifier ses
souffrances, sa résignation à la volonté de Dieu, sa tranquillité d'âme déjà comme en face de son juge. « O l'Eternité ! disait-il ; que c'est long ! » « Pas trop, murmurais-je,

pour ceux qui seront bien, comme vous ! » « Dieu le
« veuille, répliquait-il ; je l'espère ! »

Un jour, à l'un de nos confrères qui venait de le saluer :
« Mon vieux, dit-il, dites le bien aux jeunes, dites-le bien
« aux vieux, il fait bon mourir quand on n'a pas fait trop
« de boulettes. » « C'est bien votre cas, reprit celui-ci, et
« aussi comme la mort va vous être douce ! »

L'avant-veille de sa mort, accablé par la violence des
douleurs : « Ah ! s'écria-t-il avec un profond soupir, si
« c'était demain le jour de la délivrance ! » Il appelait la
mort, comme une libératrice et comme le passage à l'im-
mortalité. Elle vint le vendredi 4 août, vers une heure
de l'après-midi, à la suite d'une courte et douce agonie,
dont j'ai été le témoin ému et édifié, en recevant le dernier soupir de ce vénérable vieillard de 93 ans et 9 mois.

Ce que furent ses funérailles, MM. les chanoines
Sagette et Eyriniac l'ont dit, et d'une manière très digne
de celui qu'ils célébraient et qui emportait tous nos
regrets. On donna à cette funèbre cérémonie tout l'éclat
possible et que comportaient les circonstances anormales
dans lesquelles on se trouvait. Et c'est pourquoi nos
chers confrères, comprenant cette situation, nous excu-
seront pour certaines lacunes obligées, forcées, mais péni-
bles à notre cœur qui aurait voulu mieux faire et davantage.

Entouré de quinze prêtres et de plusieurs abbés-sémina-
ristes, M. Boucher, chanoine honoraire, doyen de Cadouin
qui présidait la cérémonie, fit l'éloge du cher défunt et
nous donna dans son discours le tableau exact, fidèle et
bien réussi de son genre, de son caractère, de sa valeur,
de ce qu'il fut en un mot. J'en citerai cette parole frap-
pante de vérité, lorsque parlant de son esprit de pauvreté,
il nous le montra mourant sur un lit « *misérable grabat,*
« dit-il, sur lequel, mes frères, ne voudrait pas mourir le
« plus miséreux d'entre vous. »

Son esprit de pauvreté! cette parole m'amène ici à noter une particularité de ces funérailles ; elle est sinon étrange, du moins singulière et, en tout cas, digne de remarque. L'originalité, en effet, qui a marqué la vie entière de cet homme, d'un cachet sans pareil, n'a pas manqué même à sa mort, jusqu'à son cercueil, dont le *luxe* (1) non commandé certes, mais pur effet du hasard, contrastait singulièrement, au jugement de plus d'un, avec les goûts, les habitudes de médiocrité, de pauvreté, de simplicité et de mépris de toute distinction de notre héros. Si alors il avait pu se soulever du fond de cette bière et prendre la parole, ne se serait-il pas écrié plus qu'étonné, presque indigné : « Eh ! quoi ? singulier je suis « donc jusqu'à la fin, singulier dans le passage de ma « cellule à ma tombe, de la lumière de la vie aux ombres « de la mort ! *Singulariter sum ego donec transeam !* »

L'abbé Hivert est parti de ce monde, « laissant tout « juste de quoi se faire enterrer ». M. Sagette, son vénérable ami, peut déposer les doutes et les craintes qu'il exprimait à ce sujet dans son article nécrologique. Le peu qu'il a laissé a suffi à peu près pour couvrir les frais de ses funérailles. Au reste, l'abbé Hivert se préoccupait fort peu de ce côté là, et, quand il lui arrivait d'en

---

(1) *De luxe !* oui, eu égard au genre que nous connaissons à notre défunt, et aussi si l'on en juge d'après le prix : cent fr.; Cent francs ! Est-ce là valeur juste, est-ce la valeur surfaite de cette bière ? Aux connaisseurs de le définir, après s'être informés du prix du bois employé à cet ouvrage, et sans oublier d'un autre côté que le talent d'un artiste est appréciable et se paye. On a vu des toiles estimées des sommes fabuleuses parce qu'elles étaient signées du nom d'un *Maître*. Ici, l'ouvrier, charron de son métier, mais artiste, ne s'est-il pas illustré dans la confection de ce cercueil ? Cette œuvre, qu'elle qu'en soit la valeur, ne suffit-elle pas à immortaliser son nom, si méconnu soit-il, et à le recommander à tous ceux qui fatalement auront besoin d'un meuble semblable tôt ou tard, le plus tard possible, Dieu le veuille ! dans l'intérêt et de leur vie et de leur bourse.

parler, il disait assez vivement : « Si je ne laisse pas suffi-
« samment pour ma sépulture, qu'importe ! on se dé-
« barrassera bien de mon cadavre, quand il ennuiera
« trop ! »

M. Hivert n'a jamais songé à thésauriser, nous le
savons. « J'ai voulu vivre au jour le jour, a-t-il écrit cent
« fois ; je n'ai fait aucune économie, et si j'étais à recom-
« mencer, je ferais comme j'ai fait ! » Et dans une lettre
de demande de secours à l'Etat, voulant donner à
entendre qu'il n'avait rien et qu'il ne laisserait rien, il dit
à son protecteur : « Soyez sûr que le Gouvernement ne
« recevra rien de ses droits sur ma succession. »

Il ne voulait donc rien laisser après sa mort, c'était son
plan bien arrêté et sa volonté bien nettement exprimée.
Il y a réussi ; et néanmoins, il a laissé quelque chose.
Une succession? oui, mais d'une valeur nulle et insigni-
fiante. Et pour disposer du peu qu'il avait, il fit plusieurs
testaments datés de Neuvic, et un seul à Badefols en 1883.
Tous ceux faits à Neuvic se ressemblent à peu près entièrement, sauf quelques petites modifications, exigées par
le changement de circonstances. Il y dispose de son avoir
en faveur de la Fabrique de Neuvic, en recommandant
d'en employer une partie à la chapelle de la Sainte-Vierge
et à la porte qui y donne accès ; il fait quelques legs au
Bureau de bienfaisance, à son successeur et à un prêtre
du voisinage. A l'époque de ces testaments son avoir
était d'une certaine valeur. Mais de 1866, date de son
dernier testament de Neuvic, à celui de Badefols en
1883, la situation a changé, et, pour toute fortune, il n'a
qu'un très modeste mobilier. Dès lors, par conséquent,
comment songer à faire des legs soit à la Fabrique, soit
aux pauvres? Ce n'eût été qu'une charge sans bénéfice,
avec la complication de pourvoir à ses obsèques, outre
les difficultés de plus en plus grandes pour obtenir de
l'Etat les autorisations nécessaires. Et si enfin, dans son

testament de Badefols, il a désigné un légataire universel, M. l'abbé Mouret, doyen de La Linde, l'un de ses meilleurs amis; c'est uniquement pour que cet ami pût plus facilement pourvoir aux frais des funérailles et disposer pieusement de l'excédent, s'il y en avait.

Or le légataire universel a laissé la bibliothèque à la cure et distribué le linge aux pauvres de la paroisse. D'un tel héritage il n'a eu, à peu près, que le mérite et le plaisir de cette bonne œuvre.

M. Hivert avait tout prévu, tout réglé !

Et maintenant, ô notre Père, vous nous avez quittés, enlevé sur le char de feu de vos souffrances, emportant votre singulière vertu. Mais Elie, en montant aux cieux sur un char de feu, laissa tomber, à la prière d'Elisée, sur ce disciple affligé, son manteau merveilleux qui allait faire des prodiges. Et vous, avez-vous donc tout emporté ? Et ne nous avez-vous laissé aucune parcelle des vertus et des talents dont vous avait enveloppé, comme d'un riche manteau, la divine Providence si libérale à votre égard ? Ah ! vous nous avez laissé en héritage, non point des monceaux d'or qui peuvent corrompre le cœur, que la rouille peut ronger, le voleur enlever, mais bien le trésor de vos nombreuses vertus. Nous savons bien hélas ! que vous êtes l'inimitable, et nous n'avons point la prétention de vous égaler. Mais du moins le souvenir de votre héroïsme sera d'un exemple propre à nous soutenir, à nous encourager, et si, malgré nos efforts, nous ne vous suivons que de loin, nous espèrerons du moins avec cette *certitude* qui vous animait plus qu'une simple espérance, arriver au même but que vous, à la récompense de nos luttes et de nos victoires.

Bénissez-nous, ô Père, bénissez vos disciples, comme Elie bénit Elisée. N'oubliez pas ceux que vous avez connus et aimés ici-bas. N'oubliez pas les paroisses que vous avez chéries et formées à la vie chrétienne, surtout cette paroisse de Neuvic où votre souvenir est toujours vivant, et sera impérissable. Souvenez-vous de cette paroisse de Badefols où vous vous êtes éteint dans la souffrance et la vertu, qui a recueilli votre dernier soupir, et qui possède vos restes dans sa terre sainte. Cette fille de vos dernières années est veuve et orpheline de vous, son père et son époux. Obtenez-lui bientôt un pasteur selon le cœur de Dieu, pour y continuer votre œuvre et vous envoyer au sein de Dieu des compagnons nombreux de votre bonheur céleste.

Que tous enfin nous restions bons et chrétiens ! Votre Éternité s'en écoulera plus heureuse ! »

FIAT ! FIAT ! FIAT !

TABLE DES MATIÈRES

BERGERAC

Imprimerie Générale du Sud-Ouest (J. Casdanet)
3, rue Saint-Esprit.

9 782019 230401